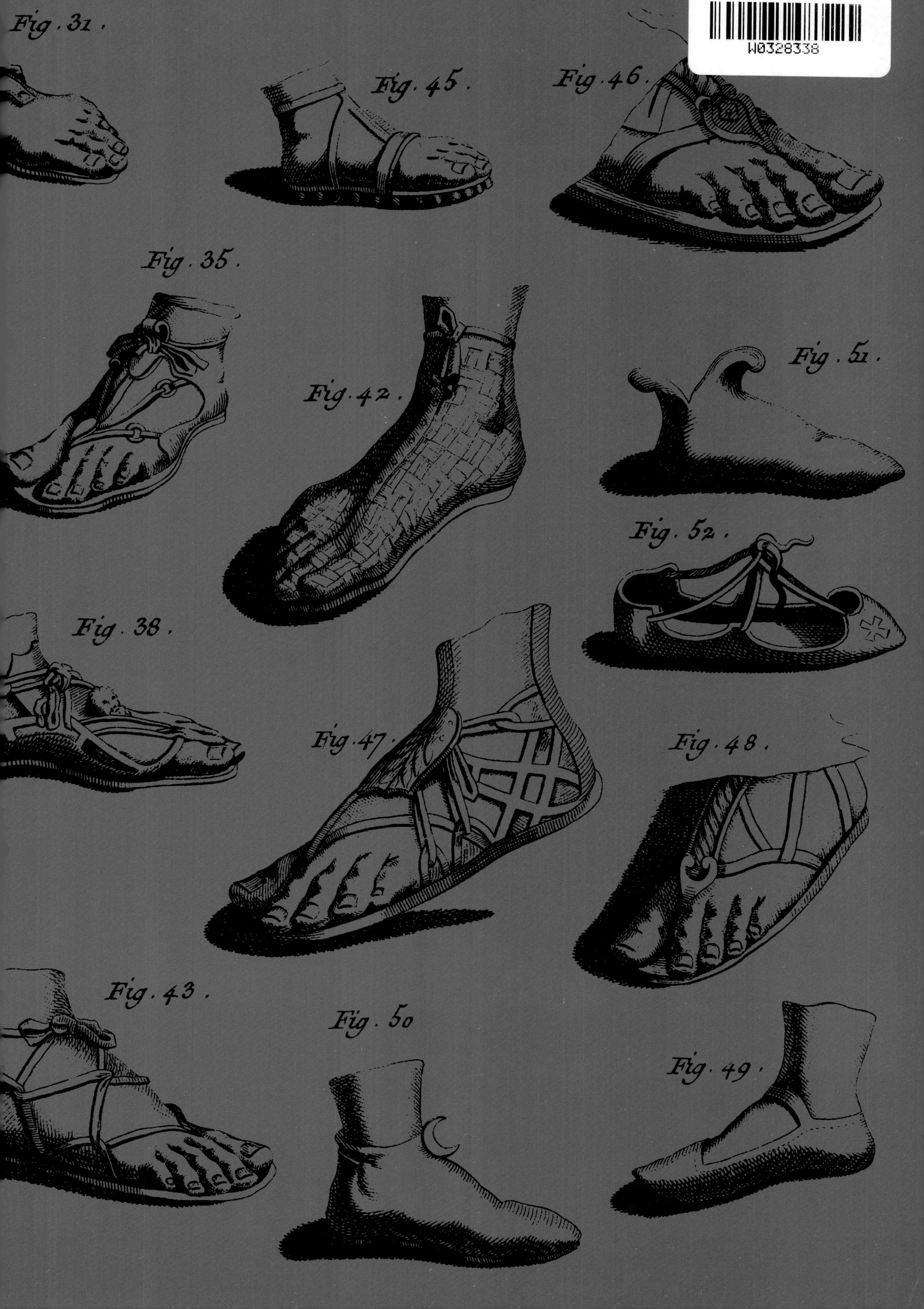
Fig. 31.
Fig. 45.
Fig. 46.
Fig. 35.
Fig. 42.
Fig. 51.
Fig. 52.
Fig. 38.
Fig. 47.
Fig. 48.
Fig. 43.
Fig. 50
Fig. 49.

Fig 9.

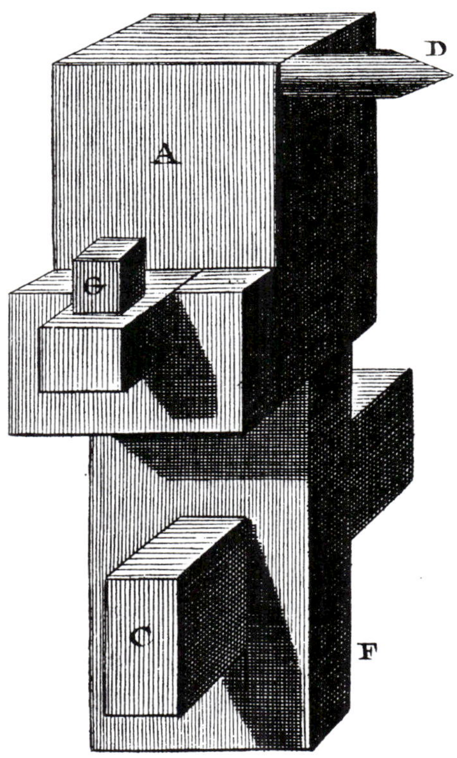

1713 – 1784

« Le premier pas vers la philosophie, c'est l'incrédulité. »

DENiS DiDEROT

2013

DESSiN DE LA COUVERTURE

SERGE BLOCH

CONCEPTiON ÉDiTORiALE

ROMAiN GALLiSSOT & PHiLiPPE LESGOURGUES

CONSEiLLÈRE SCIENTiFiQUE

ALiNE BEiLiN

ISBN : 978-2-35319-079-9
9 rue des frères Montgolfier - 33510 Andernos-Les-Bains

ISBN : 978-2-86633-517-5
17 boulevard de la Paix - BP 387 - 51063 Reims cedex
Dépôt légal : mars 2013

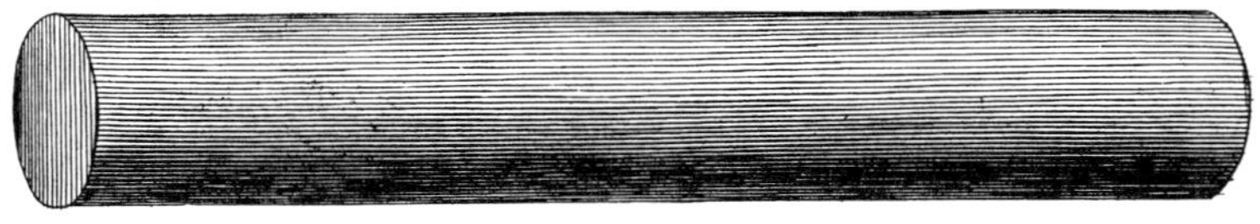

Photogravure : Labogravure image (Bordeaux)
Impression : imprimeries de Champagne
Imprimé en France à Langres, ville natale de Diderot

LUMiÈRES

TEXTES

/ FRANCK PRÉVOT \

ILLUSTRATiONS

/ MARTiN JARRiE \
\ RÉGiS LEJONC /
/ CHARLES DUTERTRE \
\ JEAN-FRANÇOiS MARTiN /
\ JULiA WAUTERS /
/ TOM SCHAMP \
\ CLOTiLDE PERRiN /
/ RASCAL \
\ ViNCENT PiANiNA \
/ ALBERTiNE \
\ JANiK COAT /

1713

L'ENCYCLOPÉDiE REViSiTÉE

2013

{ *Bonne lecture !* }

GRAPHiSME YASSiNE

Fig. 18.

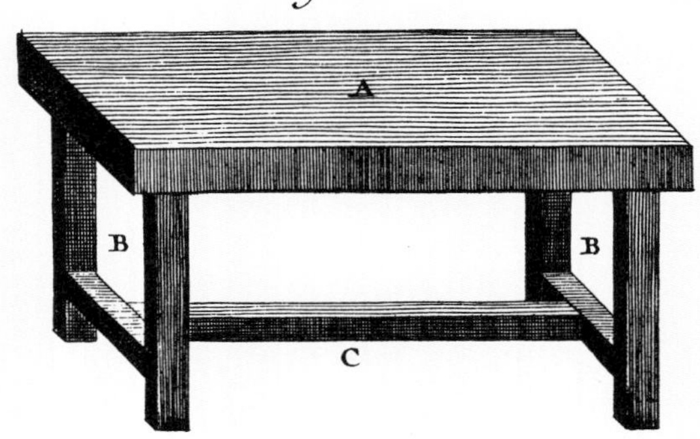

PRÉSENTATiON

C'était il y a 250 ans...

Une journée de Denis Diderot, philosophe

Paris, 28 mars 1751. Denis Diderot marche à grands pas rue de l'Ancienne Comédie. Il se rend au café Procope où il espère trouver son ami Jean-Jacques pour croiser le fer aux échecs. De bon matin il a reçu chez lui un certain Barrat, qui a démonté sous ses yeux une machine à tisser les bas ; il a expliqué le rôle de chacune des pièces et le philosophe a écouté, noté, dessiné. Puis il a rédigé l'article et imaginé la page de dessins, aussi appelée « planche », qui décrira le métier de fabricant de bas. Peu avant le dîner il a reçu M. Le Breton, qui édite l'*Encyclopédie*: une fois de plus, le libraire a refusé d'augmenter son salaire. Le pingre ! Pourtant le projet qu'ils ont en commun est prometteur. Diderot le sait. Mais il sait aussi que ce sera difficile. Cet après-midi, de nouveau, le *Journal de Trévoux* l'accuse de plagiat. Il lui faut répondre. Ce n'est guère agréable d'être ainsi mis en cause, mais il faut reconnaître que les attaques dont il est l'objet font aussi connaître son *Encyclopédie* à Paris et dans tout le royaume. La bataille s'annonce rude. Cinq ans déjà qu'il s'est engagé dans ce projet colossal.
Un projet qui incarnera demain le fameux « Siècle des lumières », mais cela, il ne le sait pas encore. Oui-da ! Il a bien mérité une partie d'échecs.

L'*ENCYCLOPÉDiE*, UN PROJET TiTANESQUE

En 1745, l'ambition est modeste : il s'agit de traduire un dictionnaire paru en Angleterre en 1728, la *Cyclopedia* de Chambers. Diderot a un rôle mineur dans une édition qui doit tenir en deux volumes. Mais bientôt le projet prend de l'ampleur, et Diderot s'empare, avec son collègue et ami d'Alembert, des rênes de l'édition de ce dictionnaire d'un genre nouveau. Le but de l'*Encyclopédie* est de « rassembler les connaissances éparses sur la surface de la Terre ». Un ouvrage titanesque, conçu pour être utile à l'humanité tout entière. Les connaissances que les hommes ont acquises pas après pas, dans tous les domaines, doivent être conservées et transmises. Utiles à l'accroissement des idées et des techniques, elles contribueront au bonheur du plus grand nombre. L'*Encyclopédie* regarde derrière elle mais aussi devant elle. Car les définitions doivent contribuer à « changer la façon commune de penser », regarder avec respect des peuples qui vivent, pensent et croient autrement, jeter un œil critique sur notre monde.

Il faudra plus de 25 années, 150 collaborateurs et plus de 1 000 ouvriers pour publier l'*Encyclopédie ou Dictionnaire raisonné des sciences, des arts et des métiers*, en 28 volumes – 17 de textes et 11 de planches.

L'ŒUVRE D'UNE ViE, CELLE D'UN PHiLOSOPHE... INDiSCiPLiNÉ

Né en 1713, Denis est un élève un peu dissipé sans doute, mais doué et travailleur. Il se sent à l'étroit dans sa ville de Langres : il a une quinzaine d'années lorsqu'une nuit, muni d'un petit ballot, il s'enfuit pour Paris. Là il poursuit ses études. S'il a besoin d'argent, il se rend chez des Langrois émigrés à Paris, amis de ses parents, et emprunte ce dont il a besoin. À charge pour son père de les rembourser ! Après quelques années d'études sérieuses, Diderot choisit la vie de bohème. Il vit de peu : il est tour à tour précepteur, professeur de mathématiques ou traducteur. Il fréquente les théatres et les actrices... Il connaît la faim mais il est libre ! Et cela vaut plus à ses yeux qu'une robe de chambre en soie.

En 1741, il rencontre Anne-Toinette Champion, lingère à Paris. Le père de Diderot refuse cette union : il fait enfermer son fils dans la cellule d'un couvent. Contre un fils désobéissant, un père peut en appeler aux gens d'armes et aux hommes d'Église. Qu'à cela ne tienne ! Diderot s'échappe du couvent et rejoint Paris. Quelque temps plus tard, il épouse Anne-Toinette en toute discrétion. Pendant dix ans, ils vivront clandestinement, changeant régulièrement de logement et de quartier. Ils auront plusieurs enfants, mais une seule fille survivra : c'est Angélique, que Diderot aimera passionnément.
Denis se lie d'amitié avec d'autres jeunes philosophes : Rousseau ou ce jeune d'Alembert, mathématicien très doué. Notre homme écrit aussi des ouvrages philosophiques, qu'il ne peut signer de son nom car leur contenu remet en question les idées dominantes, et notamment la religion. « C'est un garçon plein d'esprit, mais extrêmement dangereux », écrit en 1748 l'agent chargé de sa surveillance. Connu de la police, il l'est aussi des éditeurs et libraires, du fait de son travail de traducteur : il comprend l'anglais et travaille vite. C'est ainsi que le libraire Le Breton l'associe à son projet

de traduction en 1745, puis qu'il devient le maître d'œuvre de l'*Encyclopédie*. Mais durant les 25 années qu'il consacre à l'ouvrage, il écrit aussi des contes, des romans, des dialogues, des lettres. Autant de textes d'imagination dans lesquels il livre ses conceptions philosophiques sur l'art, la vie, la médecine, la morale, la religion, le commerce, l'État ou l'éducation. Il n'écrit pas à la manière des autres philosophes, en longs traités construits et parfois un peu ennuyeux. Lui s'amuse en composant : il prend plaisir à inventer des personnages et des histoires. La plupart de ces textes pourraient le conduire en prison ; Diderot le sait et décide de ne pas les publier et d'écrire pour la postérité. Pour nous, en somme. Pendant ces 25 années, c'est l'*Encyclopédie* qui le fait vivre, ou plutôt vivoter : cette tâche lui assure un revenu modeste mais régulier. Pourtant la ténacité que Diderot met dans la réalisation du projet va bien au-delà de son intérêt particulier : depuis toujours, il est animé de cette avidité gloutonne de comprendre le monde. Mais le projet de l'*Encyclopédie* est si ambitieux que, pour être conduit à son terme, il doit être collectif.

« CE NE PEUT ÊTRE L'OUVRAGE D'UN SEUL HOMME »

D'un point de vue financier, plusieurs éditeurs doivent s'associer. Ensemble ils lancent une souscription : les futurs lecteurs achètent le livre avant même qu'il soit écrit, et l'argent ainsi recueilli sert à lancer l'affaire. La souscription est un succès : les dictionnaires et les encyclopédies sont à la mode et se vendent bien, car toute l'Europe est traversée par un appétit de connaître. L'*Encyclopédie* commence sous de bons auspices. Elle sera une bonne affaire commerciale pour les éditeurs qui s'enrichiront bien davantage que les ouvriers ou les auteurs qui y ont mis la patte !

Mais comment recueillir toutes les connaissances nécessaires à un tel dictionnaire ? Les auteurs reprennent ce qui a été écrit par les Académies des sciences ou de lettres ou dans des dictionnaires déjà publiés. Ils se réapproprient des textes, des croquis et des planches : ils les retravaillent un peu, beaucoup, ou pas du tout. À l'époque, il est assez coutumier d'« emprunter » à d'autres écrits, sans avertissement ni précaution particulière. Mais l'*Encyclopédie* doit aussi innover. Et c'est sans doute un des plus grands mérites de Diderot que d'avoir su s'entourer d'hommes compétents, déjà renommés ou encore inconnus, penseurs, techniciens ou scientifiques. D'Alembert s'occupe de la partie consacrée aux mathématiques, Daubenton de l'histoire naturelle, les médecins Bordeu et Tronchin de la médecine, Rousseau de la musique. Des hommes aussi réputés que Voltaire, Montesquieu ou Buffon ont donné leur crédit à l'aventure.

Ce sont plus de 150 savants, artistes, hommes de lettres, philosophes, amateurs éclairés dans tel ou tel domaine particulier qui vont collaborer à l'*Encyclopédie*, convaincus que les idées et les pratiques innovantes doivent être connues et diffusées largement. Certains donnent quelques articles, d'autres des milliers. Le plus discret, mais aussi le plus fiable et régulier est le chevalier de Jaucourt : il a signé 17 000 articles à lui seul ! Diderot, lui, écrit beaucoup dans les premiers volumes. Puis sa tâche d'éditeur l'accapare tout à fait : il doit relire, corriger, réécrire, distribuer les tâches, veiller à l'impression. Dans les premières années de l'entreprise, il se consacre tout particulièrement à la description des arts.

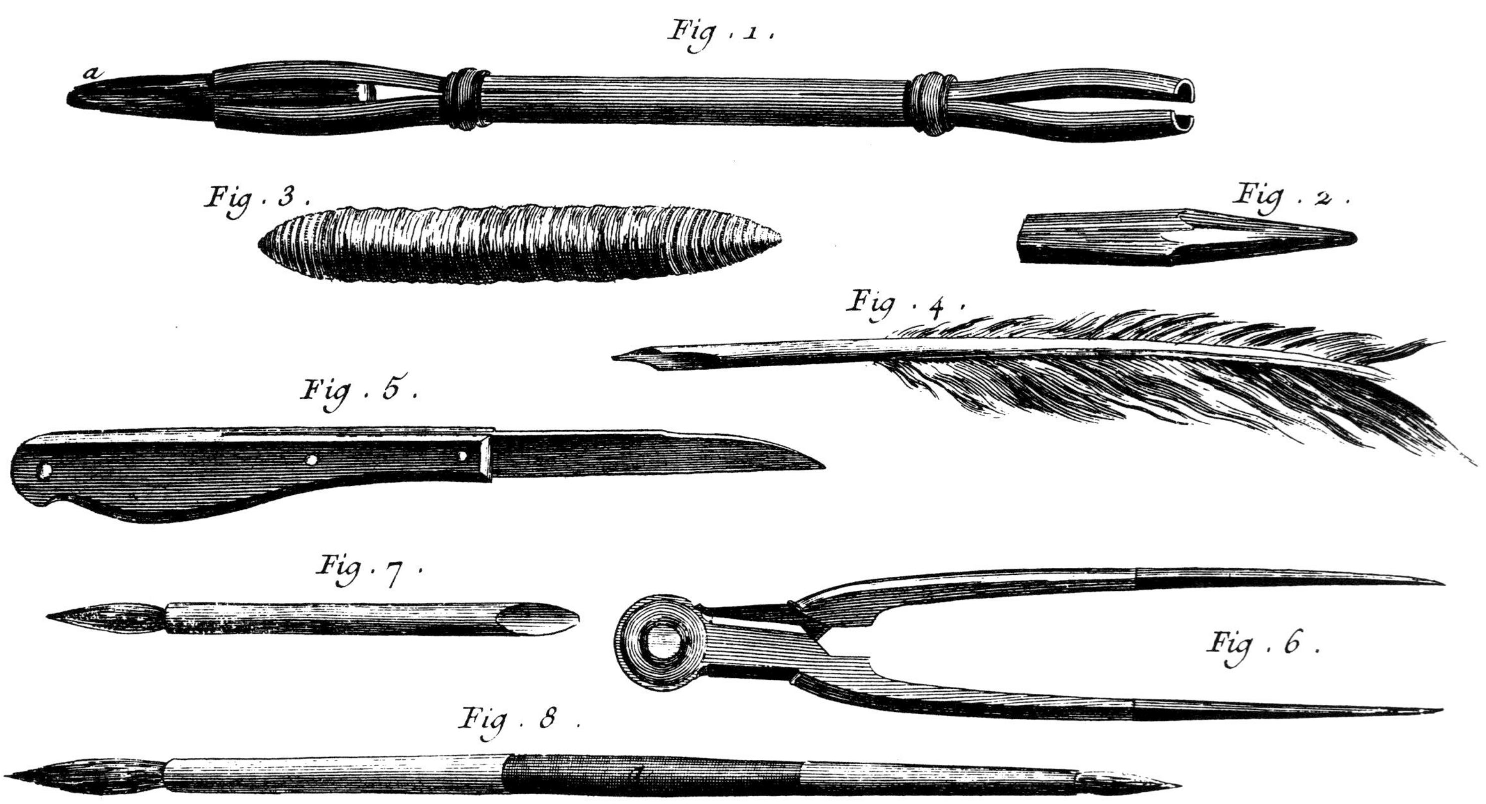

UNE ENCYCLOPÉDiE DES ARTS ET DES MÉTiERS

Le philosophe tient beaucoup à ce que les arts mécaniques – les métiers des artisans – aient belle part dans son dictionnaire. Les techniques utilisées par les travailleurs dans leurs échoppes ou dans les premières manufactures doivent être reconnues et mises en valeur. Ce sont des connaissances utiles aux hommes, ô combien! Or elles sont souvent négligées et méprisées: on loue volontiers les Beaux-Arts, comme la peinture, la sculpture ou la musique et l'on oublie que le fabricant de bas ou le coutelier possèdent un savoir-faire admirable! Chaque outil porte un nom particulier, chaque métier a son vocabulaire, sa langue.

Diderot se rend dans des ateliers pour faire des croquis qui seront ensuite gravés. Une planche pourra par exemple présenter l'artisan dans son atelier, puis au-dessous seront dessinés les outils propres à son métier. « Un coup d'œil sur l'objet ou sur sa représentation en dit plus qu'une page de discours » écrit Diderot à propos des planches. En effet, on peut décrire par le menu une espèce animale, une partie du corps humain, la machine à tisser ou les mécanismes des coulisses d'un théâtre, mais un dessin est mille fois plus clair, et rendra le texte qui l'accompagne plus lisible! Que fait le général pour expliquer à ses troupes un plan de bataille? Il trace au sol ou au mur le schéma du combat à venir! Diderot a identifié que les images ont un pouvoir propre. En cela, il est autant de notre temps que du sien! C'est pourquoi il a veillé de très près au travail des dessinateurs, des graveurs et des imprimeurs dans la confection des volumes de planches publiés entre 1765 et 1772.

NAViGUER DANS L'*ENCYCLOPÉDiE* COMME SUR LA TOiLE

Un dictionnaire se consulte, il ne se lit pas article après article. Ce serait bien ennuyeux… Dans l'ordre alphabétique, les définitions se succèdent: elles disent ce qu'est une chose et ce qu'elle n'est pas. Pour que la connaissance que l'on cherche soit plus complète, l'*Encyclopédie* utilise deux outils: chaque mot sera suivi du domaine du savoir auquel il appartient, donné entre parenthèses. Prenons « baguette ». Le terme a une première définition générale, puis une autre s'il s'agit de physique, une troisième quand il appartient au domaine des armes, une quatrième lorsqu'elle est fabriquée par le luthier, et la liste est longue encore. Les noms de domaine permettent de mettre de l'ordre dans ce qui était au départ un tas de baguettes informe, en les rangeant par catégorie.

Le second outil réside dans des « renvois » à la fin de chaque article. Par un « Voyez ceci », le lecteur est rabattu sur un autre article d'un autre volume, et ainsi de suite. Aujourd'hui cela se fait en un clic de souris! Mais à l'époque il fallait soulever de gros volumes et feuilleter des milliers de pages. Cette différence mise à part, l'*Encyclopédie* fonctionne un peu comme Internet aujourd'hui. D'un lien à l'autre, on se promène, on navigue, on voyage. Le lecteur peut s'autoriser des digressions, des détours. Et, comme par enchantement, faire ainsi le tour de la question!

Car comprendre, c'est aussi classer des connaissances qui étaient auparavant éparses et désordonnées. C'est d'ailleurs le sens exact du mot « encyclopédie » qui vient des mots grecs « cercle » et « connaissance »: elle doit révéler comment les connaissances s'enchaînent les unes aux autres.

En des temps de censure, le système des renvois offre un autre avantage: d'un article innocent le lecteur est renvoyé à un autre qui l'est moins. Et ainsi il est conduit à une critique des superstitions, des disputes de religion, de la toute-puissance du roi. Prenons l'article « anthropophages »: « Les anthropophages sont des peuples qui vivent de chair humaine. » Sans contestation possible. Mais la fin de l'article renvoie à « Eucharistie, communion, autel ». Le pain ne représente-il pas le corps du Christ? Le chrétien qui communie manifeste sa foi en Dieu en devenant cannibale, comme les indiens Tupinambas du Brésil qui mangent leurs prisonniers et que l'on considère en Europe comme des sauvages! La critique des puissants, de la religion et de l'État se trouve ainsi dans des lieux inattendus. Le pari des auteurs de l'*Encyclopédie* est que ceux qui relisent le texte afin de le censurer ne lisent pas les articles jusqu'au renvoi. Cela suffit-il à tromper des censeurs expérimentés? Car tout cela se passe au Siècle des lumières…

QUE SONT « LES LUMiÈRES » ?

La monarchie est absolue et de droit divin: la puissance du roi, qu'il prétend détenir de Dieu lui-même, est sans limites et sans partage. Seul il peut décider que tel individu sera passé à la question – torturé – ou condamné à mort, ou qu'un autre recevra une pension du roi qui le mettra pour la vie entière à l'abri du besoin. La royauté favorise les nobles, qui lui offrent en retour un soutien sans faille. Les paysans et les petits artisans sont plongés dans une très grande misère. Carrières de choix, oisiveté, luxe arrogant pour les uns, famine et souffrance pour les autres. Aux yeux des philosophes des Lumières, de telles inégalités sont injustifiées! Les grandes nations comme la France ou l'Espagne se prétendent civilisées, mais elles commettent les pires crimes, non seulement en Europe mais aussi au-delà des mers, dans le Nouveau Monde. Ils voudraient en finir avec les cachots, les exécutions en place publique, la torture, le massacre de peuples colonisés, les guerres de religion.

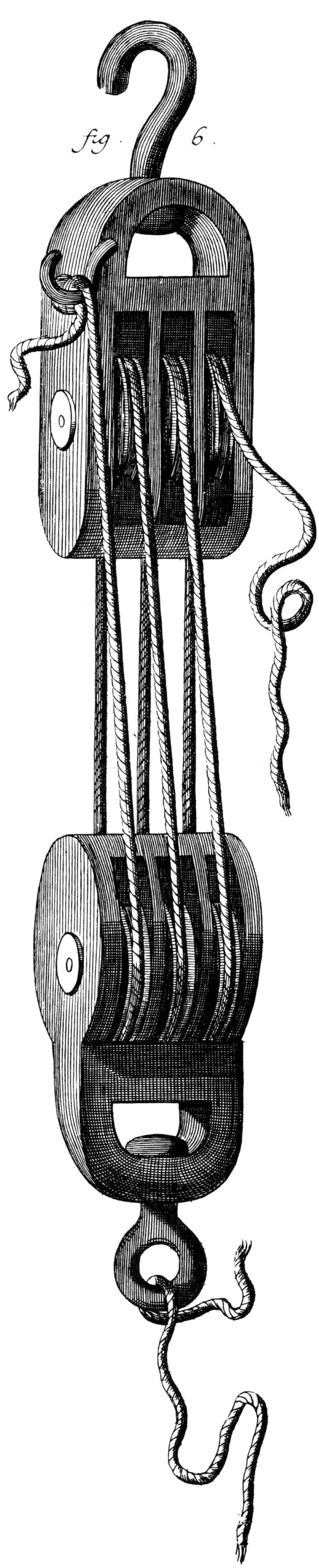

Entre catholiques et protestants, la lutte est sans merci. Les catholiques eux-mêmes sont divisés en deux ordres différents, jésuites et jansénistes, qui s'entredéchirent encore et encore. Est-ce parce qu'il y a une infinie variété des croyances religieuses que les hommes s'entretuent en leur nom, ou bien est-ce l'intolérance des croyants qui fait naître les guerres ? Selon les penseurs des Lumières, il faut tolérer les opinions, toutes les opinions, à l'exception de celles qui servent de point de ralliement contre la paix, contre le peuple, contre les libertés et la tolérance ! Loin d'eux pourtant l'idée qu'il faille couper la tête du roi et instaurer l'égalité entre tous !

Mais le pouvoir devrait être partagé entre les différentes classes de la population. Car un roi, tout roi qu'il est, ne peut tout se permettre. Les philosophes veulent plus de libertés et un meilleur partage des richesses, du pouvoir et du savoir. Car tout est là : l'ignorance favorise les inégalités et les injustices, tandis que le développement des connaissances mettrait la France et l'Europe sur la voie du progrès social et du bonheur des peuples !

Que sont les Lumières ? Veut-on dire par là qu'auparavant l'humanité était plongée dans les ténèbres ? En quelque sorte... Il s'agit bien sûr des lumières de l'esprit, de celles qui font dire à quelqu'un qui soudain comprend ce qui était obscur : « C'est lumineux ! » Les penseurs des Lumières veulent faire preuve d'audace et de courage et penser par eux-mêmes. Ils veulent remettre en question ce que jusqu'ici on a dit « vrai » sans avancer aucune preuve, démontrer, calculer, prouver, expérimenter, et parfois aussi rester dans le doute. En cela, ils s'opposent à tous ceux qui vont chercher la vérité dans la Bible ou à tous ceux qui prétendent parler au nom de Dieu. Certains philosophes des Lumières croient en Dieu, d'autres non. Mais tous ont la certitude que l'homme doit chercher à comprendre le monde par lui-même.

Juger, comparer, bâtir des expériences, même s'il faut pour cela tâtonner, contredire, se tromper. Il faut accroître le savoir technique, scientifique ou artistique, et il faut ensuite en assurer la diffusion. L'imprimerie permet aux combats d'idées de se diffuser rapidement et partout. Reste pourtant la censure... Les livres interdits circulent sous le manteau. Les philosophes vivent dangereusement : ils sont surveillés de près et à tout moment le pouvoir peut les jeter en prison ou brûler leurs livres.

L'*Encyclopédie* est de son siècle : elle accuse l'absolutisme de la royauté et dénonce les inégalités ; elle combat les superstitions et l'intolérance. Ses ennemis furent aussi nombreux que ses soutiens.

L'HISTOIRE AGITÉE DE LA PUBLICATION DE L'*ENCYCLOPÉDIE*

Les 25 années que Diderot consacre à l'*Encyclopédie* sont des années de combat. Après avoir été un temps autorisée, elle est interdite dès 1752 au motif qu'elle remet en cause l'autorité du roi et de l'Église. Un compromis est trouvé en 1753 mais… la situation se tend l'année suivante. La crise est sans précédent en 1758 et 1759 : d'Alembert, apeuré, quitte l'entreprise. L'ouvrage est interdit par le roi de France et par le Pape. Diderot reprend le travail, seul, dans la clandestinité.

Malesherbes, directeur de la Librairie royale, joue un rôle essentiel dans la poursuite du projet. Sa fonction est de permettre ou d'interdire les publications. Or, il soutient l'*Encyclopédie*, mais ne peut le crier haut et fort. C'est lui qui autorise Diderot à poursuivre l'entreprise, de manière officieuse, quand les foudres de l'Église et des conservateurs s'abattent sur lui. C'est encore lui qui cache, à son domicile, les manuscrits originaux la veille d'une perquisition dont il a eu connaissance : personne n'osera venir les chercher là ! Sans relâche il cherche des compromis acceptables par les censeurs et par les encyclopédistes.

Malgré ce soutien, il faut se battre sur tous les fronts. L'*Encyclopédie* est accusée de plagiat : on lui reproche d'avoir recopié des passages entiers d'autres dictionnaires. Des procès ont lieu, et Diderot doit défendre l'ouvrage. Il gagne ses procès, mais il est épuisé de devoir faire face à tant d'hostilité. « Je ne sais plus quand je sortirai de cette galère », écrit-il en 1760. C'est qu'il faut aussi compter avec les ennemis de l'intérieur : les auteurs prennent leur temps, en dépit des contrats qu'ils ont signés. Diderot se fâche avec certains, d'autres abandonnent. Il faut remplacer ceux qui désertent ou qui meurent, tant l'entreprise prend du temps. Les libraires se livrent entre eux à une concurrence sans merci, et se montrent bien peu généreux envers Diderot, qui doit réclamer des augmentations, à mesure que la charge de travail augmente. Enfin, en 1764, c'est le coup de massue : Diderot s'aperçoit que l'éditeur Le Breton a modifié les textes à son insu. Alors même qu'il les avait relus et envoyés à l'impression, l'éditeur a ôté tout ce qu'il jugeait trop dangereux. La censure est venue de ceux-là mêmes qui lui ont confié le projet ! Diderot est exténué, abattu, « blessé jusqu'au tombeau » dira-t-il. Mais il ne peut pas se résoudre à abandonner : il terminera l'ouvrage, coûte que coûte.

LIRE ET RELIRE L'*ENCYCLOPÉDIE*

Comme l'*Encyclopédie* prétend recueillir les connaissances, il faut la compléter et la réécrire toujours. C'est pourquoi les nouvelles éditions sont nombreuses, dès l'achèvement de la version de Diderot. Aujourd'hui c'est en version numérique que l'on peut lire l'*Encyclopédie*. Elle s'y prête à merveille. Mais consulter le *Dictionnaire raisonné des sciences, des arts et des métiers,* c'est aussi, comme il nous y a invité il y a 250 ans, porter sur le monde un regard critique, se méfier des fausses évidences, cultiver un appétit glouton pour les idées et les techniques nouvelles.

Que dirait Diderot à de jeunes lecteurs aujourd'hui ? Quelles images nous donnerait-il ?

Celles-ci peut-être…

ALINE BEILIN

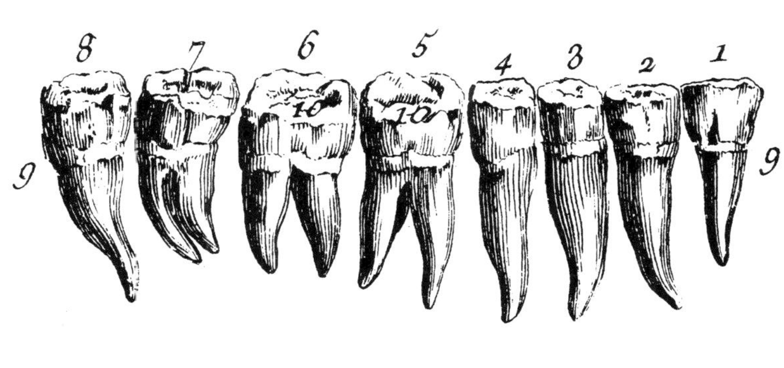

BOUCHER,

CONTENANT DEUX PLANCHES.

PLANCHE Iere.

LA vignette ou le haut de la Planche, repréſente la tuerie.

Fig. 1. Bœuf attaché la tête fort baſſe, par une corde liée à ſes cornes, & paſſée dans un anneau ſcellé dans la pierre en *a*.

2. Boucher, les bras levés, prêt à aſſommer le bœuf à coups de merlin.

3. Boucher qui doit ſaiſir le moment où l'autre frappera, pour pouſſer le bœuf, afin de le renverſer ſur le côté.

4. Boucher qui écorche un mouton, après l'avoir égorgé. *b*, poulie pour enlever les bœufs, comme on les voit en *cc*, par le moyen du moulinet *d*.

Bas de la Planche.

5. Merlin pour aſſommer les bœufs.
6. Lancette pour ouvrir la gorge du bœuf.
7. Petit fentoir pour fendre les moutons.
8. Couteau ſervant à couper les piés des bœufs, moutons, *&c.*
9. Hache pour fendre les bœufs par moitiés & par quartiers.
10. Fentoir à bœufs pour les diviſer en petites parties.
11. Soufflet à bœufs & à moutons.
12. Broche qu'on introduit par le bout *a* dans une fente qu'on fait à la peau du ventre du bœuf, pour y introduire enſuite les ſoufflets.
13. Etou, eſpece de chevalet ſur lequel on égorge & écorche les moutons & les veaux.
14. Tempe, morceau de bois plat, qui ſert à tenir le ventre d'un bœuf, mouton ou veau ouvert, lorſqu'il eſt ſuſpendu, comme on en voit dans la vignette.
15. *a*, boutique ou étui. *b*, *b*, *b*, lancettes & couteaux. *c*, fuſil. *dd*, ceinture de la boutique. *e*, boucle de la ceinture.
16. Croc à bœufs.

PLANCHE II.

Fig. a, chaudiere de cuivre, dans laquelle on met les graiſſes qu'on veut faire fondre. *b b b*, maſſif de plâtre, dans lequel eſt ſcellée la chaudiere. *c*, bouche du fourneau pratiqué ſous la chaudiere. *e*, hotte du fourneau. *d*, degré de pierre pour travailler plus facilement à écumer le ſuif fondu.

2. *a*, banatte d'oſier. On approche cette banatte & la cuve *b* qui eſt deſſous, de la chaudiere *a*, *fig.* 1. & on verſe par le moyen d'une puiſette toute la graiſſe fondue dedans. Le ſuif paſſe au-travers de la banatte, & les cretons reſtent dedans.

b, cuve ſous la banatte, pour recevoir le ſuif paſſé à clair.

cc, chevalet ou civiere pour tranſporter la banatte près de la preſſe où l'on exprime les cretons.

3. *a a a a*, preſſe pour exprimer les cretons. *b*, vis. *c*, lanterne. *d*, ſeau de fer percé, que l'on emplit de cretons pour être preſſés. *e*, rigole qui conduit le ſuif dans la jatte *f* qui eſt au-deſſous. *g*, noyau de bois, dont le diametre eſt plus petit que celui du ſeau, & dont on charge les cretons. C'eſt ſur ce noyau que la partie *h* porte, lorſqu'on fait deſcendre la vis. *b* On met autant de noyaux qu'il eſt néceſſaire pour exprimer tout le ſuif des cretons, à meſure qu'ils s'affaiſſent.

i k l, tourniquet de la preſſe. *m*, boulon de bois, qu'on introduit entre les fuſeaux de la lanterne, pour faire deſcendre la vis par le moyen de la corde *n* qui ſe dévuide ſur l'arbre *i k* du tourniquet qu'un homme fait tourner.

4. Puiſette.
5. Ratiſſoire pour enlever le ſuif qui peut tomber par terre, lorſqu'il eſt figé.
6. Fourgon pour le fourneau.
7. Aviron, eſpece de pelle de bois pour remuer les graiſſes dans la chaudiere du fourneau.
8. Hachoir pour réduire les gros morceaux de graiſſe en petits, afin qu'ils fondent plus aiſément.
9. Ecuelle.
10. Meſure.
11. Pain de ſuif ſorti de la jatte.
12. Jatte de bois.

LES PLANCHES DE L'*ENCYCLOPÉDIE*

Les volumes de planches réunissent plus de 2 500 pages de dessins. Ils décrivent principalement les métiers des artisans et les outils nécessaires à l'exercice de ces métiers. Selon Diderot, on méprise trop souvent – et sans raison aucune – les artisans et les ouvriers, au motif qu'ils ne travaillent qu'avec leurs bras. Mais n'est-ce pas de ces métiers que, comme le dit *l'Encyclopédie* elle-même, « nous tenons toutes les choses nécessaires à la vie » ? Un métier peut être décrit en une seule planche de dessins, mais c'est fort rare. Souvent de nombreuses pages sont nécessaires.

Ici, nous voyons la planche consacrée au métier de boucher. Elle se divise en deux parties. Le haut représente les bouchers travaillant dans leur échoppe : un bœuf est suspendu pour être dépecé, un boucher s'apprête à abattre une autre bête tandis qu'un dernier s'occupe d'un mouton. Quel est l'outil avec lequel le bœuf va être tué ? C'est la figure 5 qui le décrit, en dessous. Pour connaître son nom, il faut se référer à la page de texte qui précède la page de dessins et qui en donne la légende. Ainsi, « fig. 5 » renvoie à « merlin pour assommer les bœufs ». Car chaque outil porte un nom précis, chaque métier a sa langue. Nous voyons ici une lancette, un fentoir, une broche, un couteau, un croc, etc. Il faut aller du texte au dessin pour apercevoir le savoir-faire de l'artisan et la dignité de son métier.

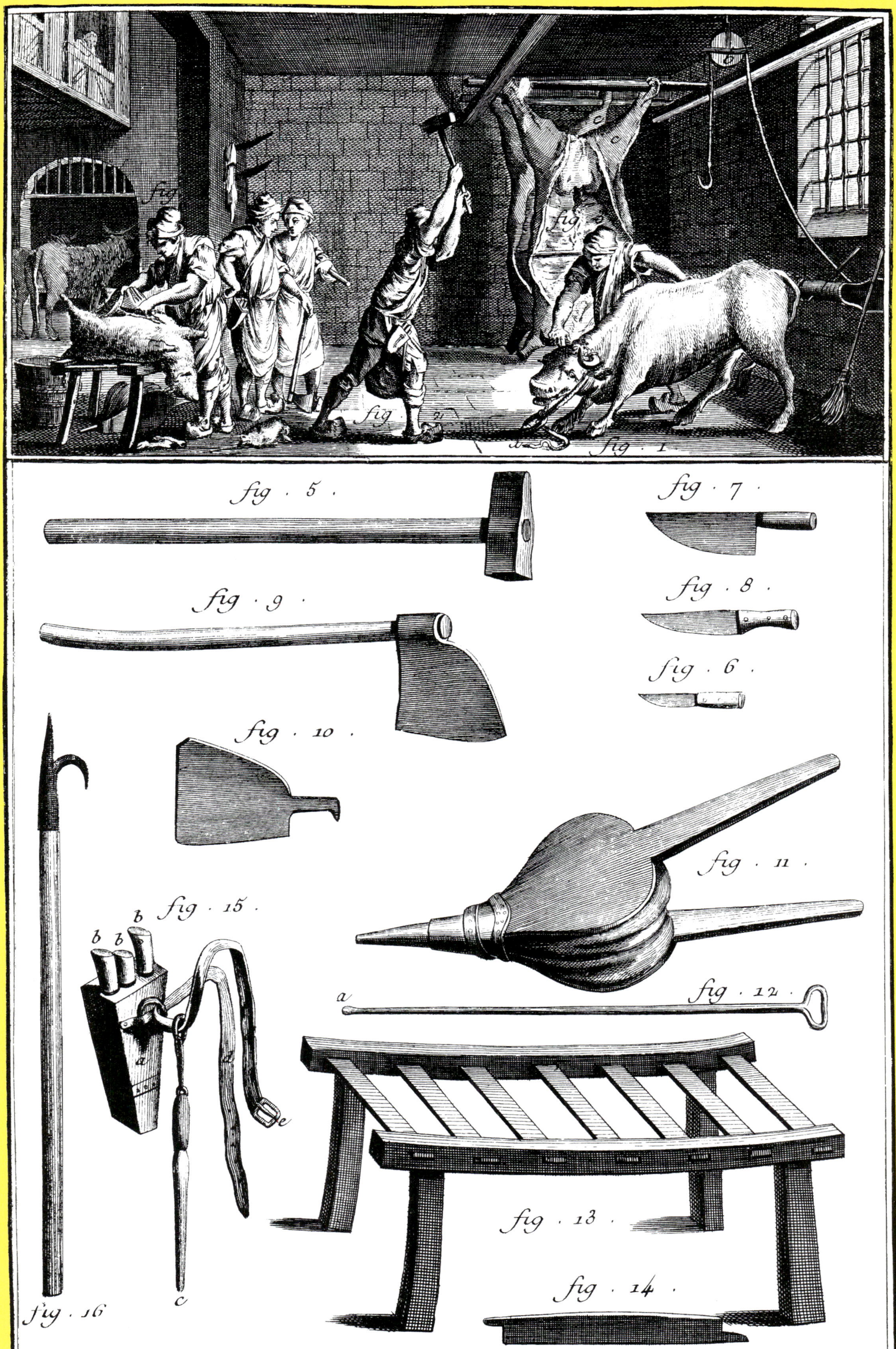

Benard Fecit

Boucher.

SOMMAiRE

~

LES ARTICLES DES 11 THÈMES ONT ÉTÉ ÉCRiTS PAR FRANCK PRÉVOT

~

CE VISUEL INDIQUE LES ARTICLES DE FICTION

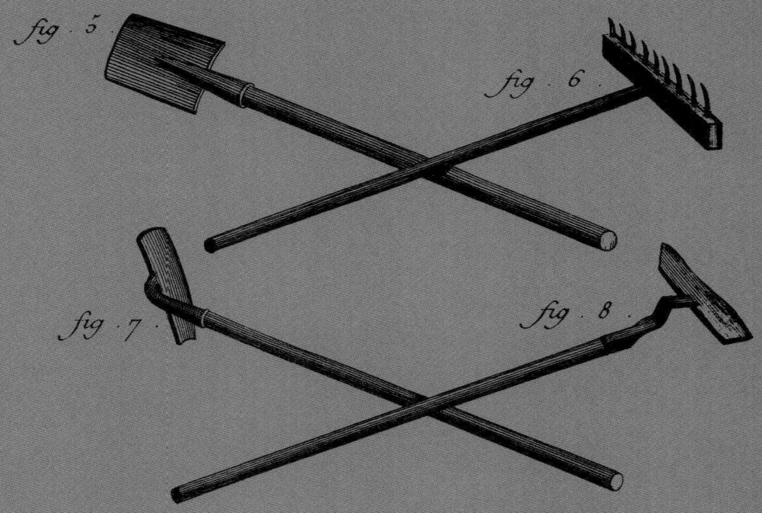

AGRiCULTURE

MARTiN JARRiE

Planche I

L'ART DE FAiRE PONDRE LES POULES

La production d'œufs est une branche importante de l'aviculture (élevage d'oiseaux et de volailles) : les Français consomment 15 milliards d'œufs par an (1 000 milliards dans le monde !), en « œufs coquille » ou en ovoproduits (blancs ou jaunes traités dans des casseries et vendus en vrac ou en poudre, aux professionnels des métiers de bouche – voir « MÉTiERS DE BOUCHE », page 55).
Pour produire autant d'œufs, il faut élever énormément de poules…

PROBLÈME

Sachant qu'une bonne pondeuse produit 300 œufs par an, qu'un Français en mange en moyenne 230, combien faut-il de poules pour nourrir les 65 millions de Français ?

Incroyable, non ?!

Heureusement, les éleveurs industriels font face :
— Cages offrant la surface d'une feuille A4 par poule, dans de vastes hangars [Fig. 1] approvisionnés en nourriture par des silos [Fig. 2] .
— Les poules ne voient pas le jour.
— Les poussins mâles sont tués (broyage ou gazage).
— Les becs sont coupés pour éviter les blessures.
— Les poules sont tuées à un an.
Les codes sur les œufs [Fig. 3] qui utilisent un mystérieux codage
3FR : poules élevées en cages (80 %)
2FR : poules élevées au sol ou en volière (3 %)
1FR et 0FR : poules élevées en plein air (1), ou en élevage bio (0) (17 %)

Sur les œufs que j'achète, il reste parfois un peu de caca de poule sur lequel est collé un duvet. Ce code-là signifie « œuf recueilli à la main "sous le cul" d'une poule élevée… normalement ». Paule (on dit « la dame des œufs ») a une centaine de poules qui courent dehors et pondent un œuf par jour « sauf si elles ont les pieds mouillés, ça les bloque, et des fois elles prennent des vacances ». Elle garde ses cocottes deux ou trois ans et leur donne le blé qu'elle cultive « plus plein de choses ! ».
Souvent Paule me dit : « Et vous pouvez les faire à la coque… Vos petits vont se régaler ! Et bonjour à la famille ! »
« C'est vrai, on se régale ! », dit Léone…

fig. 16

Planche II

MOULiNS

L'homme fabrique de la farine depuis 75 000 ans selon un principe simple : broyer des grains de blé (ou autre céréale).
Le premier outil, le pilon en pierre pour écraser le grain dans un mortier, est remplacé par la meule (actionnée par la force humaine ou animale) dans la Grèce antique.
Les premiers moulins à eau apparaissent au IVe siècle en Italie et les moulins à vent au XIe siècle en Angleterre et aux Pays-Bas. À cette époque, les meuniers écrasent le grain et livrent une farine rustique qu'il faut trier et tamiser avant de l'utiliser.

La Révolution Industrielle au XIXe siècle, avec l'invention de la machine à vapeur (voir article « PHYSIQUE », page 50), marque le début de la minoterie industrielle.
Aujourd'hui, les moulins tournent à l'électricité et les minoteries reçoivent le grain, le nettoient, le trient, séparent l'amande (contenant de l'amidon) de ses enveloppes (riches en cellulose) avant de le moudre et de le tamiser.
Les usines qu'on appelle encore parfois « moulins » (voir planche II) appartiennent pour la plupart aux grands groupes agro-alimentaires. En 2009, 65 % des 4 millions de tonnes de farine consommées en France l'ont été en boulangerie-pâtisserie (voir articles « BOULANGERiE » et « PÂTiSSERiE », page 56).

Planche III

AUTOPORTRAiT D'UN JARDiNiER

Wattignies, 12 mars 1636,

Mon cher père,

De retour de promenade en forêt avec des amis, je viens à vous animé d'un grand trouble.

Il se trouve que durant cette sortie, pris d'un besoin, je laissai mes camarades pour trouver l'abri de quelque buisson et figurez-vous que, mon affaire terminée, je ne les trouvai plus. J'étais perdu dans la nature sauvage et hostile. Or l'heure qui suivit, à l'issue de laquelle je retrouvai mes amis, rassurez-vous, fut un enchantement. Ce fatras végétal dépourvu d'ordre humain et d'entretien m'a charmé par sa variété, sa fantaisie et sa liberté.
Voici un an que je dessine, conçois les jardins du seigneur de Kessel au château de Wattignies. Certes mon expérience de premier jardinier du Duc d'Orléans me permet de créer de grandes choses et d'en espérer de plus grandes encore. Toutefois je me demande, en ce jour de mes 23 ans, à quoi bon ? Pourquoi ces plans géométriques, ces perspectives, ces symétries, cette théâtralité, ces parterres, terrasses et bosquets, ces jeux d'eau complexes et ces références mythologiques déplacées ?

Que ne laisse-t-on la nature libre de ses inventions et de ses jeux ? Ne devrais-je pas trouver une charge de garde forestier plutôt que de persister à vouloir vous succéder comme premier jardinier du Roi ? Je suis las de ces jardins trop ordonnés ! Mais peut-être demeurerai-je jardinier par facilité, condamné à dompter végétaux et minéraux pour satisfaire la vanité de quelque monarque. L'avenir nous le dira.

Vous trouverez joint à cette lettre un autoportrait de ma main (*voir planche III*) qui en dit assez long sur mon état d'esprit.

Bien à vous,

Votre fils, André Le Nôtre.

(Voir la réponse à cette lettre page 46, article « GÉOMÉTRIE »)

— L'ART DE FAIRE PONDRE LES POULES —

— MOULINS —

Lumières

— AUTOPORTRAIT D'UN JARDINIER —

Planche IV

JARDiNAGE

Fig. 1 — Pulvérisateur

Fig. 2 — Bêche

Fig. 3 — Binette

Fig. 4 — Cordeau

Fig. 5 — Transplantoir

Fig. 6 — Sécateur

Fig. 7 — Plantoir

Fig. 8 — Taille-haie

Fig. 9 — Brouette

Fig. 10 — Gants

Fig. 11 — Faucille ou croissant

Fig. 12 — Râteau à feuilles

Fig. 13 — Arrosoir

Fig. 14 — Griffe

Fig. 15 — Serres

« C'était chouette au jardin, avec Fernand, Paulette, Dédé, Marc et Brigitte. Chacun avait sa manière d'y faire mais personne ne critiquait. Ça donnait toujours des bons légumes, et adieu la camelote du supermarket!
Avec Marc et Brigitte on était compost; Fernand et Dédé étaient plutôt fumier.
Certains disaient qu'il fallait faire du "bio" et les autres s'en fichaient mais en faisaient quand même, sans grands discours.
Fernand râlait bien un peu quand nos gosses piétinaient ses semis, mais pas trop.
C'était la course à qui aurait la plus grosse patate ou la plus longue carotte, mais gentiment. On était comme qui dirait "en bonne intelligence". Et quand il fallait, on se donnait un coup de main.
Une fois par an, c'était "le repas des jardiniers" : la fête! Avec radis, salades, tomates, fraises… tout du jardin, sauf le rosé frais!… »

Les jardins ouvriers (apparus au XIXe siècle), appelés aussi « jardins associatifs » ou « familiaux » reviennent aujourd'hui à la mode : de plus en plus de gens aspirent à un espace convivial partagé pour mener une production d'appoint, selon un mode de culture raisonné, en réponse à l'agriculture intensive utilisant pesticides, engrais chimiques ou OGM (voir article «VANiLLE CACAOYER», page 30).

Planche V

LABOURS

LABOURAGE DE CRÂNE

Fig. 1 — Tracteur

Fig. 2 — Charrue

Fig. 3 — Soc

Fig. 4 — Sillons, fumage, ensemencement, amendement, arrosage, moisson

Fig. 5 — Grenier

Fig. 6 — Silo, meunerie (voir planche II), farine, industrie agro-alimentaire…

…mais comment l'homme a-t-il eu un jour l'idée de semer, de cultiver, de récolter… ?

L'agriculture n'a « que » 10 000 ans. Mais pourquoi avoir attendu autant pour une idée aussi simple ?

On a longtemps cru que les chasseurs-cueilleurs nomades s'étaient sédentarisés pour cultiver leurs champs mais on pense désormais le contraire : *homo sapiens* se serait sédentarisé d'abord, ce qui lui aurait permis de découvrir l'agriculture… À votre avis ?

Comment a-t-on découvert qu'une graine placée en terre donnait une plante ? Un homme qui stockait des céréales sauvages a-t-il remarqué que les grains tombés au sol poussaient ? Ou bien est-ce en observant la nature ?

Et la technique du labour ? A-t-on découvert que les graines poussaient mieux là où les phacochères retournaient la terre ?

Et le fumier ? A-t-on constaté que la terre était plus fertile dans la basse-cour, devant l'étable ?

Et l'arrosage ? Une sécheresse a-t-elle appris aux hommes le rôle de l'eau ? Ou bien ont-ils remarqué la végétation plus abondante en bord de rivière ?

Bien installée dans notre paysage, l'agriculture ne va pourtant pas « de soi ». Il a fallu observer, inventer, essayer, échouer, recommencer… Aujourd'hui encore, nous nous questionnons sur la meilleure manière de cultiver (intensive, extensive, raisonnée, biologique, biodynamique…), des chercheurs en agronomie tentent encore d'améliorer les cultures et plus d'un milliard d'hommes travaillent la terre pour nourrir l'humanité.
Cela vaut bien quelques questions !

Planche VI

APICULTURE

Fig. 1 — *Apis mellifera*, abeille domestique, principale productrice du miel européen

<A> Quatre ailes (250 battements/seconde pour une vitesse de 25 km/h)
<B> Six pattes (le bas des pattes postérieures des ouvrières, recouvert de poils, recueille le pollen)
<C> Thorax brun-jaune, poilu
<D> Abdomen segmenté abritant le dard
<E> Antennes (communication, orientation…)
<F> Yeux composés de 4 000 à 5 000 yeux simples
<G> Mandibules et langue

Fig. 2 — Apiculteur
(pour éviter les piqûres, l'apiculteur protège intégralement son corps)

<A> Chapeau type « casque colonial »
<B> Voile
<C> Blouson, col bourrelet et élastique intérieur poignets
<D> Pantalon serré aux chevilles
<E> Gants
<F> Bottes

Fig. 3 — Enfumoir (produit une fumée blanche et froide simulant un incendie, sans danger réel pour les abeilles, ce qui détourne leur attention pendant l'intervention de l'apiculteur)

<A> Soufflet
<B> Réservoir à herbe (ou paille) en combustion
<C> Bec

Fig. 4 — Ruche

<A> Plateau (ou planche) d'envol
<B> Corps (contenant les cadres verticaux)
<C> Plateau couvre cadres
<D> Hausse
<E> Toit

Les abeilles jouent un rôle essentiel dans la biodiversité et sont un acteur important de l'agriculture puisqu'elles assurent la pollinisation des plantes en transportant le pollen d'une fleur à l'autre (voir article «VANiLLE-CACAOYER», page 30). En danger du fait de maladies et de l'utilisation agricole d'insecticides, leur disparition croissante est inquiétante : sans abeilles, nous aurions du mal à trouver les fruits et les légumes que nous consommons.

Fig. 1
Fig. 2
Fig. 3
Fig. 4
Fig. 5
Fig. 6
Fig. 7
Fig. 8
Fig. 9
Fig. 10
Fig. 11
Fig. 12
Fig. 13
Fig. 14
Fig. 15

— JARDiNAGE —

— LABOURS —

— APiCULTURE —

PLANCHES ORIGINALES

— MOULINS —

— ÉCONOMIE RUSTIQUE —
Art de faire éclore les poulets.

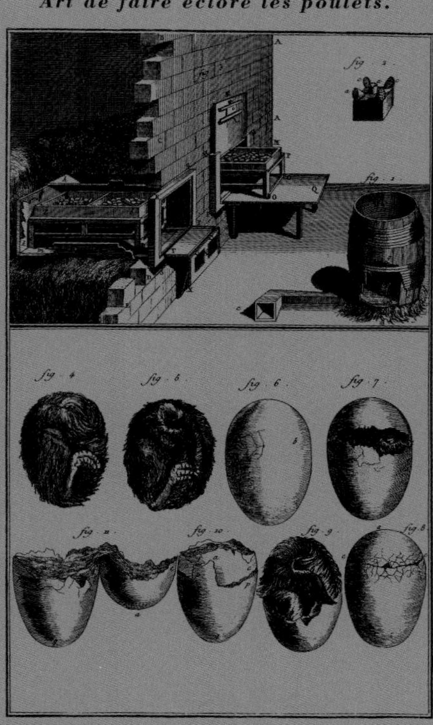

— ÉCONOMIE RUSTIQUE —
Mouches à miel.

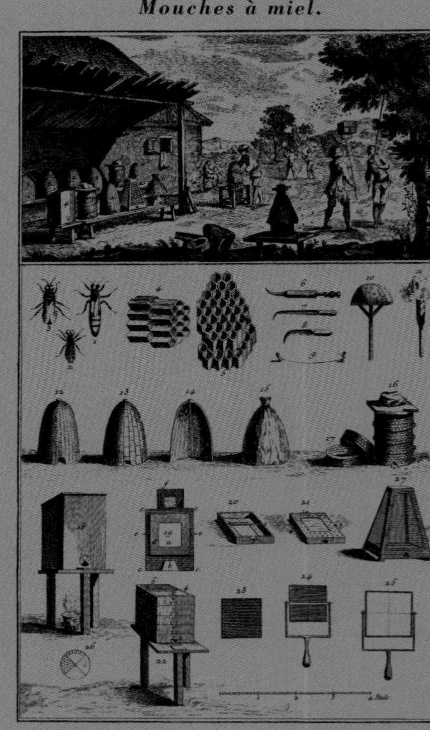

— AGRICULTURE - JARDINAGE —

Fig. 3.

HiSTOiRE NATURELLE

RÉGiS LEJONC

Fig. 2.

Planche I

AXOLOTL, *Ambystoma mexicanum*

Axoloto est un Pokemon.
Dans le manga *One piece*, on croise une « salamandre modèle axolotl »...
L'axolotl, cet amphibien endémique au Mexique, inspire les créateurs.
Mais pourquoi ?

Chez les Aztèques, le dieu Xolotl représente la mort, la lumière et le feu. « Xolotl » signifie « chien » et « atl » signifie « eau ». Le « chien d'eau », donc...

L'axolotl est une larve (vivant dans les lacs du centre du Mexique) capable de se métamorphoser, mais qui reste larve tant que ses conditions de vie ne sont pas perturbées (on parle de néoténie). Il respire grâce à ses branchies externes [Fig. 1] et peut se reproduire à l'état larvaire !
Si le niveau d'eau baisse et que la température augmente, alors il se métamorphose : ses branchies disparaissent, il sort de l'eau et respire avec ses poumons qu'il n'utilisait pas. Il devient une salamandre terrestre.
Enfin, capable de régénérer un organe perdu, il intéresse les chercheurs en médecine.

L'axolotl sauvage est classé « en danger critique » par l'UICN (Union Internationale pour la Conservation de la Nature), contrairement à l'axolotl de laboratoire ou à l'axolotl domestique qui a un vif succès dans les animaleries.

Pas étonnant qu'il inspire les faiseurs d'histoires !

Planche II

CHiEN AiLÉ, *Fabulosus alatus canis*

« [...] un bruit me fit sursauter. Je découvris un jeune chien apeuré, dans le halo de ma lampe tempête. J'approchai ma main mais il s'éloigna et se retourna. Je tendis de nouveau la main mais il repartit. Notre manège dura et je pensais rejoindre le camp lorsque je pénétrai dans une clairière.
Que votre Altesse et Monsieur le Directeur de l'Académie veuillent bien croire ma relation qui ne dit rien d'autre que ce que j'ai vu cette nuit-là ! Inventerais-je pareilles inepties, au risque de passer pour fou ?
Il y en avait trois douzaines, endormis les uns contre les autres. Un gros mâle jappa et toute la meute se retrouva sur pattes. Mon jeune ami avait rejoint sa mère qui, plut à Dieu que vous apportiez crédit à mes dires, ouvrit une aile plus vaste que celle d'un aigle, sous laquelle le chiot vint trouver refuge. Je n'en croyais pas mes yeux !

Leur corps est couvert de poils bruns, noirs et gris, à la manière de notre canis familiaris, à ceci près que leur queue [Fig. 1] est très longue, touffue et annelée de noir et de blanc. Leur tête diffère de celle de nos chiens, en particulier par les oreilles [Fig. 2], assez amples, arrondies à leurs extrémités et très noires. La tête [Fig. 3] est noire également mais la face est occupée par un disque blanc, même si le pelage, assez court, redevient noir autour des yeux, jusqu'au museau et à la truffe. Ils sont hauts sur pattes, certains mâles atteignant trois pieds au garrot, plutôt fins et longs. Quant à leurs ailes [Fig. 4], elles sont plus grises que leur corps et semblent avoir été greffées à l'omoplate par quelque mystérieuse opération. Couvertes de plumes, elles sont comparables à celles des grands aigles. Le sujet adulte atteint probablement une envergure de dix à douze pieds. Chose étonnante, les petits en sont dépourvus et s'ils ressemblent en tout point à leurs parents (à l'exception d'une queue très fine et très courte [Fig. 5] et d'un postérieur avachi), les ailes ne leur viennent que plus tard. J'ai en effet observé des mâles et des femelles, de taille médiane (sans doute adolescents), dotés d'ailes beaucoup plus courtes qui à mon humble avis ne faisaient qu'amorcer leur développement. »

W.B.

Journal d'expédition à bord du navire *The Incredible*,
au service de SM le Roi Georges, dit « L'Affabulateur »

Planche III

KAKAPO, *Strigops Habroptilus*

Ordre : psittaciformes
Sous-famille : *strigopinae*

Perroquet de nuit endémique à la Nouvelle-Zélande.
En mãori, « kaka » signifie « perroquet » et « po » signifie « nuit ».

En danger critique d'extinction (UICN).

Cet oiseau, appelé aussi perroquet-hibou du fait du disque plus clair ornant sa face [Fig. 1], a des ailes très courtes [Fig. 2] et comme il est le perroquet le plus lourd du monde (3 à 4 kg), il ne peut pas voler. En revanche, il grimpe aux arbres, se jette dans le vide et plane sur une centaine de mètres.
Il vit jusqu'à 60 ans et le cri du mâle pour appeler la femelle ressemble à une détonation qui s'entend à 7 kilomètres !
Le kakapo est végétarien. Son plumage [Fig. 3] lui assure un très bon camouflage. Il dégage une puissante odeur rappelant celle du musc.

LA TRAGiQUE HiSTOiRE DU KAKAPO

Jadis, de nombreux kakapos peuplaient l'archipel de l'actuelle Nouvelle-Zélande : leur seul prédateur, l'aigle géant de Haast, avait disparu depuis longtemps. Mais l'homme, arrivé sur les îles il y a environ mille ans, les chasse, les mange et amène des rats capables de les tuer. Il y a 200 ans, les premiers Européens débarquent et chassent massivement les kakapos. Ils construisent des fermes, coupent des forêts, détruisant l'habitat naturel de la faune. Ils amènent aussi des cerfs qui ont le même régime alimentaire que les kakapos et leur font concurrence, ainsi que des mammifères (chats, chiens...), prédateurs au flair puissant qui repèrent facilement l'odeur caractéristique du kakapo.
Par ailleurs, les collectionneurs s'intéressent à ce perroquet étonnant et beaucoup sont capturés pour remplir les vitrines des muséums d'histoire naturelle.
Cette tragique histoire a presque anéanti les kakapos il y a cent ans ! En 2000, il n'en restait qu'une soixantaine. La prise de conscience du danger de leur disparition a donné lieu à des efforts pour les protéger et leur population est aujourd'hui estimée à plus d'une centaine. Mais comme ils se reproduisent difficilement, les kakapos ont encore besoin de l'aide des hommes...

LA NOTION D'ESPÈCE MENACÉE

Une espèce est menacée si son habitat l'est lui-même, si sa population diminue, si elle se reproduit de moins en moins et si elle est trop chassée ou pêchée.
L'UICN est la principale organisation qui travaille pour éviter que des espèces disparaissent, en garantissant la conservation et la diversité des milieux naturels.
Elle publie et met à jour une « liste rouge » des espèces menacées.

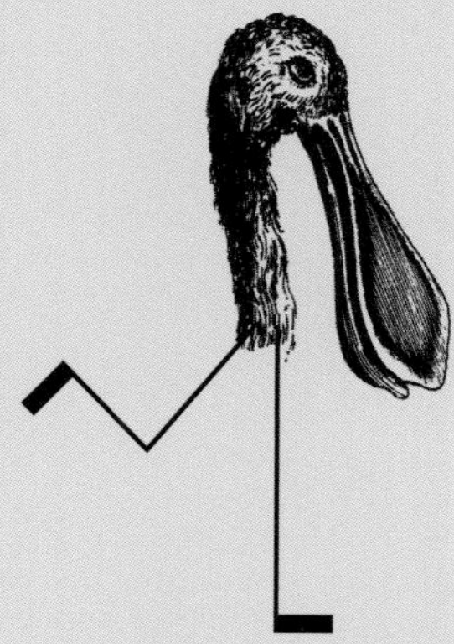

— **AXOLOTL,** *Ambystoma mexicanum* —

— CHiEN AiLÉ, *Fabulosus alatus canis* —

— **KAKAPO,** *Strigops Habroptilus* —

Planche IV

PAPiLLONS PRiMAIRES, *Primarius Papilio*

Publié avec l'aimable autorisation de Regon Lejisc, entomologiste.

Insecte à métamorphose complète, le papillon pond un œuf duquel sort une larve (la chenille) devenant chrysalide qui à son tour se métamorphose en papillon. Et cela depuis 150 millions d'années, pour donner environ 220 000 espèces de lépidoptères peuplant le monde entier, à l'exception de l'Antarctique.
Trois paires de pattes et deux paires d'ailes, déclinées en 220 000 espèces différentes ! Mais comment, dans l'évolution des espèces, le papillon a-t-il entamé cette série de métamorphoses ?
Regon Lejisc vient de le découvrir. Le célèbre entomologiste américain publie dans la revue *Memoirs of the American Entomological Society* le fruit de quinze années de recherches. Il a remonté les chaînes génético-héréditaires de 150 000 espèces sur des dizaines de millions d'années pour établir une souche commune : trois espèces aujourd'hui disparues, ancêtres probables de tous les papillons.
Grâce aux liens cordiaux qui unissent notre entreprise encyclopédique aux plus grands savants, nous publions aujourd'hui cette planche entomologique intitulée « Papillons primaires ».

Fig. 1A *Hyacintho Primarius Papilio* (HPP) femelle.

Fig. 1B *Hyacintho Primarius Papilio* (HPP) mâle.

Fig. 1C *Hyacintho viridi Primarius Papilio* (le vert de cette sous-espèce est dû à la raréfaction de l'oxygène en altitude, à moins qu'il ne résulte d'un premier croisement avec le FPP).

Fig. 1D Chenille du HPP.

Fig. 2A *Purpureus Primarius Papilio* (PPP) mâle.

Fig. 2B *Purpureus Primarius Papilio* (PPP) femelle.

Fig. 2C *Niger Primarius Papilio,* (son rôle est essentiel dans les contrastes observés chez les papillons : sans lui, tous les papillons auraient des teintes pastel).

Fig. 2D Chenille du PPP.

Fig. 3A *Flavus Primarius Papilio* (FPP).

Fig. 3B Chenille du FPP.

Planche V

SAKi À FACE BLANCHE, *Pithecia pithecia*

Classe : mammifère. Ordre : primates. Genre : *pithecia*.
Corps : 35 cm. Queue : 40 cm. Poids : de 0,8 à 2,5 kg. Longévité : jusqu'à 30 ans en captivité (20 en liberté).
Petit singe vivant dans le nord de l'Amérique du sud (Amazonie).

Deux particularités :
— un dimorphisme sexuel de la couleur très marqué (le mâle est noir à face blanche et la femelle oscille entre le brun et le gris) ;
— son pouce et son index sont opposés aux autres doigts (chez les primates ou chez l'homme, seul le pouce est opposé).
Malgré la déforestation, ses prédateurs (jaguar, aigle harpie) et le fait que l'homme le chasse pour sa chair et pour fabriquer des plumeaux avec sa queue, le saki n'est pas une espèce en danger (UICN).

Planche VI

VANiLLE CACAOYER,
Theobroma planifolia vanilla cacao

Après les semences de maïs transgénique, les chercheurs de « Bon sang ! Trop ! » (BST ; en anglais « *Good blood ! Too much !* ») réunissent sur un même arbre cabosses de cacaoyer et gousses de vanille.

Sur ses plantations (25 % des terres cultivables de Madagascar), BST souhaitait d'abord cultiver des cacaoyers et les faire parasiter par des orchidées à vanille (*Vanilla planifolia*). La réalité dépasse les espérances : les deux plantes ont fusionné ! Les gousses de vanille Fig. 1 et les fèves de cacao Fig. 2 ont désormais le même goût : l'arôme vanille-chocolat dit naturel. Ce dernier adjectif fait polémique entre promoteurs et détracteurs des OGM (Organismes génétiquement modifiés) puisque, selon un procédé secret, BST a modifié les gènes des deux végétaux (voir article « LABOURS », page 20).
BST a même surmonté la difficulté économique : la fécondation des fleurs d'orchidée à la main, en l'absence d'euglossine, abeille (voir article « APICULTURE », page 20) spécialisée dans le butinage des orchidées, endémique aux forêts d'Amérique centrale. Malgré les mises en garde de l'UICN, et grâce à l'aide de banques américaines et de fonds de pensions, BST a acheté toutes les abeilles d'Amérique centrale ! Le gain pour BST est estimé à plusieurs millions de dollars US grâce à l'économie de main-d'œuvre ainsi réalisée…
On imagine les profits que la firme tirera de ce brevet ! De quoi financer ses nouvelles recherches sur l'arôme « naturel » vanille-fraise…

« L'homme sait ce qu'il fait mais jamais ce que fait ce qu'il fait. » Paul Valéry

— PAPiLLONS PRiMAiRES, *Primarius papilio* —

— **SAKi À FACE BLANCHE,** *Pithecia pithecia* —

— VANiLLE CACAOYER, *Theobroma planifolia vanilla cacao* —

PLANCHES ORIGINALES

— HiSTOiRE NATURELLE —

Fig. 1 Le tamarin. Fig. 2 L'ouistiti.

— HiSTOiRE NATURELLE —

Fig. 1 Ara bleu du Brésil.

Fig. 2 Cacatoès. Fig. 3 Perruche rouge d'Amboine.
Fig. 4 Lory des Philipines.

— HiSTOiRE NATURELLE —

Fig. 1 La Girafe. Fig. 2 Le chevrotin.

— HiSTOiRE NATURELLE —

Fig.1 L'hyène. Fig. 2 L'ours.

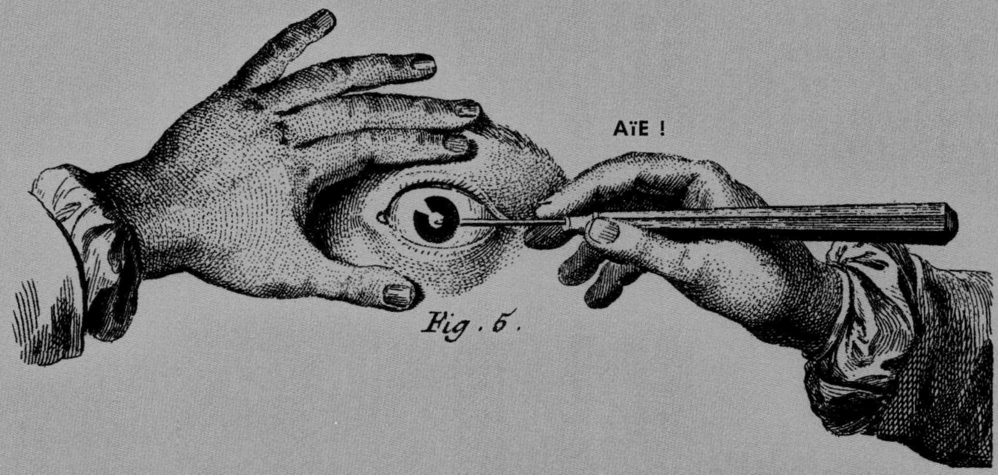

ANATOMiE & CHiRURGiE

CHARLES DUTERTRE

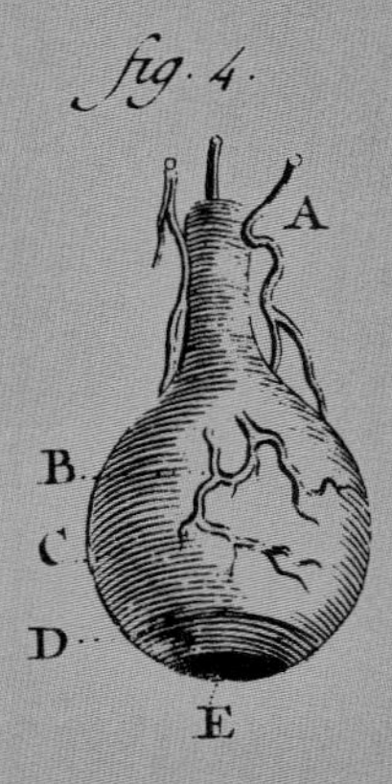

Planches I & II

CORPS HUMAiN

DiSSECTiON

Qui n'a jamais voulu comprendre le fonctionnement d'une machine ? Pour une machine fabriquée par l'homme, on peut trouver des plans ou s'en faire expliquer le mécanisme. Mais si on veut savoir comment fonctionne la « machine humaine » ? Il existe désormais des schémas anatomiques et des gens capables de les commenter. Mais avant ? La seule solution consistait à démonter la machine !
Les premières dissections et descriptions anatomiques datent du XVIe siècle av. J.-C. (Égypte). Depuis, les anatomistes ont disséqué animaux et humains (parfois dans la clandestinité car il était interdit de porter atteinte à l'intégrité d'un corps) pour comprendre le fonctionnement de nos organes, de nos muscles (voir article « MUSCLES », ci-contre), ou de notre squelette (voir article « SQUELETTE », ci-contre). Diderot l'explique en 1751 dans le premier volume de l'*Encyclopédie* (article « Anatomie ») : de même que celui qui connaît le mieux une horloge sera l'ouvrier le plus capable de la réparer, celui qui connaîtra le mieux le corps humain sera le plus capable de le soigner et donc, le meilleur disséqueur sera le meilleur médecin.

Planche II

INSTRUMENTS CHiRURGiCAUX

Le premier outil chirurgical connu est une lame courbe fabriquée en bronze ou en obsidienne (roche volcanique ayant l'aspect du verre) pendant la préhistoire. Il servait à trépaner (ouvrir le crâne pour accéder au cerveau) mais on ignore si cette opération se pratiquait pour soigner ou dans le cadre de la magie liée aux esprits.
Dans l'Antiquité, Égyptiens, Indiens, Grecs et Romains se livrent à de nombreuses opérations et fabriquent quantité d'instruments : scalpel [Fig. 1], couteau [Fig. 2], dilatateur [Fig. 3], pinces [Fig. 4] qui seront utilisés jusqu'au Moyen-Âge. Vers 1000 ap. J.-C., le médecin musulman d'El Zahra (Andalousie) Abu al-Qasim al-Zahrawi qui a beaucoup fait avancer la chirurgie, décrit plus de 200 outils dans son encyclopédie.
Par la suite, les chirurgiens ne cessent d'améliorer leurs instruments pour parvenir à ceux de cette planche à l'époque de Diderot et de l'*Encyclopédie* où ce sont les couteliers (voir article « COUTELLERIE », page 120) qui les fabriquent.
La découverte de l'anesthésie (1846) permet aux chirurgiens d'opérer sans se soucier de la douleur du patient, ce qui donne parfois lieu à des infections catastrophiques, puisque les techniques de lutte contre les micro-organismes (bactéries, parasites…) ne sont pas encore au point (il faudra attendre Pasteur et Lister, vers 1870).
De nos jours, la technologie prend beaucoup de place dans les blocs opératoires (laser, électronique…) et certaines opérations peuvent même s'effectuer à distance (téléchirurgie) !

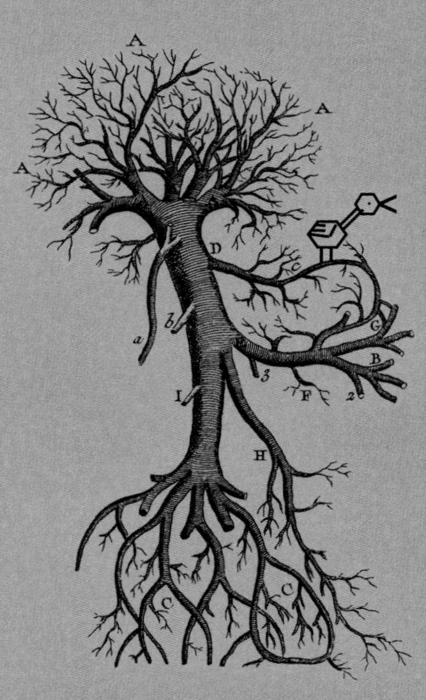

Planche III

MUSCLES

Nous possédons plus de 600 muscles, répartis en trois catégories :
— les muscles squelettiques, comme le biceps [Fig. 1], qui relient deux os et que nous contractons à volonté,
— les muscles lisses, comme l'estomac, que nous ne contrôlons pas volontairement,
— le cœur (myocarde) qui n'a pas vraiment une forme de cœur (contrairement à celui de la [Fig. 2] !) et possède son propre système de contraction.
Les muscles squelettiques nous permettent de bouger : les deux extrémités du muscle sont fixées à deux os par des tendons et lorsqu'il se contracte, il gonfle et se raccourcit, tirant sur les os et provoquant le mouvement.
Les muscles vont par paires, comme le biceps [Fig. 1] et le triceps [Fig. 3] : quand on contracte le biceps, le triceps s'étire et le bras se plie. Inversement, quand on contracte le triceps, le biceps s'étire et le bras s'allonge.

Planche IV

SQUELETTE

Le squelette humain est composé de 270 os pour les nouveau-nés et 206 pour les adultes. On ne perd pas 64 os en grandissant, non ! La différence vient du fait que certains os se soudent entre eux pour n'en former plus qu'un (crâne, colonne vertébrale, bassin). Les os sont à la fois légers et solides, durs et souples.

Notre squelette remplit deux rôles principaux :
— il est la charpente de notre corps (fixation des muscles) qui, grâce aux articulations, peut être mise en mouvement par les muscles ;
— il protège certains organes (le crâne protège le cerveau par exemple).

[Fig. 1] — Crâne

[Fig. 2], [Fig. 3], [Fig. 4] — Colonne vertébrale

[Fig. 2] — Vertèbre cervicale

[Fig. 3] — Vertèbre thoracique (ou dorsale)

[Fig. 4] — Vertèbre lombaire

[Fig. 5] — Clavicule

[Fig. 6] — Humérus

[Fig. 7] — Radius

[Fig. 8] — Cubitus

[Fig. 9] — Os de la main (carpes, métacarpes, phalanges)

[Fig. 10] — Os iliaque

[Fig. 11] — Fémur

[Fig. 12] — Rotule

[Fig. 13] — Tibia

[Fig. 14] — Péroné

[Fig. 15] — Os du pied (tarses, métatarses, phalanges)

— CORPS HUMAIN —

— INSTRUMENTS CHiRURGiCAUX —

— MUSCLES —

LE DERNiER GÉANT

C'est un matin de 1852 que Jack Heartless et Mike O'Greedy se lancèrent sur les traces d'Archibald Leopold Ruthmore, le célèbre découvreur de géants, espérant bien tirer parti des précieuses indications géographiques que l'explorateur avait fournies au cours de la conférence à laquelle ils venaient d'assister. Heartless était un de ces funestes bandits sans foi ni loi qui hantaient alors le cœur de Londres. Pour quelques billets, il enfonçait aussi facilement la lame de son couteau dans le cœur d'un passant qu'il dépensait son sinistre butin en vidant des pintes de bière dans les tavernes enfumées des bas quartiers. Quant à O'Greedy, c'était un individu stupide, pas forcément dangereux mais à qui l'argent facile promis par Heartless avait tourné la tête.
Les deux misérables malfrats se rendirent donc en Birmanie où, aidés par des porteurs et des guides recrutés à peu de frais parmi la population indigène, ils atteignirent sans peine le pays des géants. Là, ils se hâtèrent de déballer leur matériel pendant que leurs porteurs installaient le campement et ne prirent pas le risque de se laisser charmer par la poésie de ces invraisemblables colosses. Armés d'un mousquet et d'une pique aux dimensions impressionnantes, ils abattirent le premier qu'ils rencontrèrent, le chargèrent sur un immense brancard et, la nuit tombant, prirent un peu de repos en se félicitant de leur odieuse réussite, bien décidés à prendre le chemin du retour dès le lendemain, pressés qu'ils étaient d'encaisser le bénéfice de leur expédition.
Cinq jours plus tard, ils hissaient la dépouille de leur victime sur un clipper dont ils avaient soudoyé l'avide capitaine qui fit mettre toutes voiles dehors et cap sur l'Angleterre.

De retour au pays, les deux vauriens cédèrent le cadavre au professeur David Glorythirsty, un anatomiste réputé, en échange d'une considérable quantité d'or. En secret, le médecin s'empressa de transporter le corps du géant dans une salle retirée de son Académie.
Il entreprit ensuite la dissection du cadavre, utilisant les méthodes et outils dont il était familier, ayant déjà ouvert et fouillé les corps de dizaines de malheureux condamnés à mort que lui confiaient les autorités afin qu'il puisse faire progresser la science médicale par une connaissance plus précise de la complexe mécanique humaine.
Jamais Glorythirsty n'avait vu telle quantité de muscles, de viscères, d'os et ce travail lui donna tant de mal qu'il ne quitta pas l'Académie durant trois jours et trois nuits. Il remplissait fébrilement des pages entières de croquis, d'hypothèses et de synthèses, pris entre excitation et émotion, se saoulant des découvertes effectuées sur le corps de ce géant qu'il estimait « mort pour la science ». Certains commentateurs affirmèrent plus tard que le professeur avait donné de la viande de géant à son chien. Les plus hardis avancèrent même que son épouse et lui en avaient mangé. Nous ne possédons aucune preuve en ce sens, à l'exception de quelques dessins parus dans la presse satirique (*voir planche III*).
Enivré par cette folle aventure, Glorythirsty, bien que travaillant seul dans le secret de sa salle de dissection improvisée, ne put s'empêcher d'évoquer dans des conversations avec ses confrères et assistants habituels, à mots qu'il crut couverts, l'extraordinaire chantier sur lequel il travaillait jour et nuit. La rumeur qu'il se passait des choses considérables et que l'homme de science était sur le point de faire une découverte hors norme se répandit comme le choléra et il ne tarda pas à recevoir la visite d'un homme d'affaires qui lui promit trophées, médailles, gloire et fortune. L'homme souhaitait entre autres exposer le squelette du géant dans toutes les foires d'Europe. Il proposait 10 % des recettes à Glorythirsty qui avait achevé de séparer les différentes parties solides du colosse et qui, aveuglé par de telles perspectives, se préparait exalté à recevoir le couronnement qu'il pensait mériter. Ses rêves l'égarèrent aussitôt vers des médailles d'anatomie, des premiers prix de « dissection gigantesque », des couronnes de lauriers et des applaudissements à n'en plus finir. Qui sait si la communauté scientifique émue ne finirait pas par lui décerner les prix les plus convoités ? La passion et ces rêves de gloire achevaient de rendre sinistre le médecin respectable qu'il avait été. Glorythirsty, sans doute troublé par la visite et les promesses de ce bonimenteur de fêtes foraines, commit une maladresse fatale en le raccompagnant à sa porte : il bouscula le squelette qui chuta et passa par la fenêtre demeurée entrouverte, se fracassant sur le pavé quelques étages plus bas pour le plus grand bonheur des chiens du quartier qui, éblouis par des os d'une telle taille, disséminèrent les restes du géant aux quatre coins de Londres. Arrivé dans la rue, Glorythirsty ne put récupérer que quelques éléments du squelette qu'il tenta vainement d'assembler, ne parvenant qu'à un piteux résultat qui ferait s'esclaffer ses confrères. Rongeant son amertume, le médecin balaya ses rêves de médailles, de trophées et disposa du reste de ses jours pour méditer cette triste et révoltante boucherie que seule la cupidité et la vanité des hommes avait pu générer.

— NOTE —

Archibald Leopold Ruthmore est un personnage créé par François Place dans *Les derniers géants*, paru en 1992 aux éditions Casterman. Ce récit s'inspire très librement de sa création.

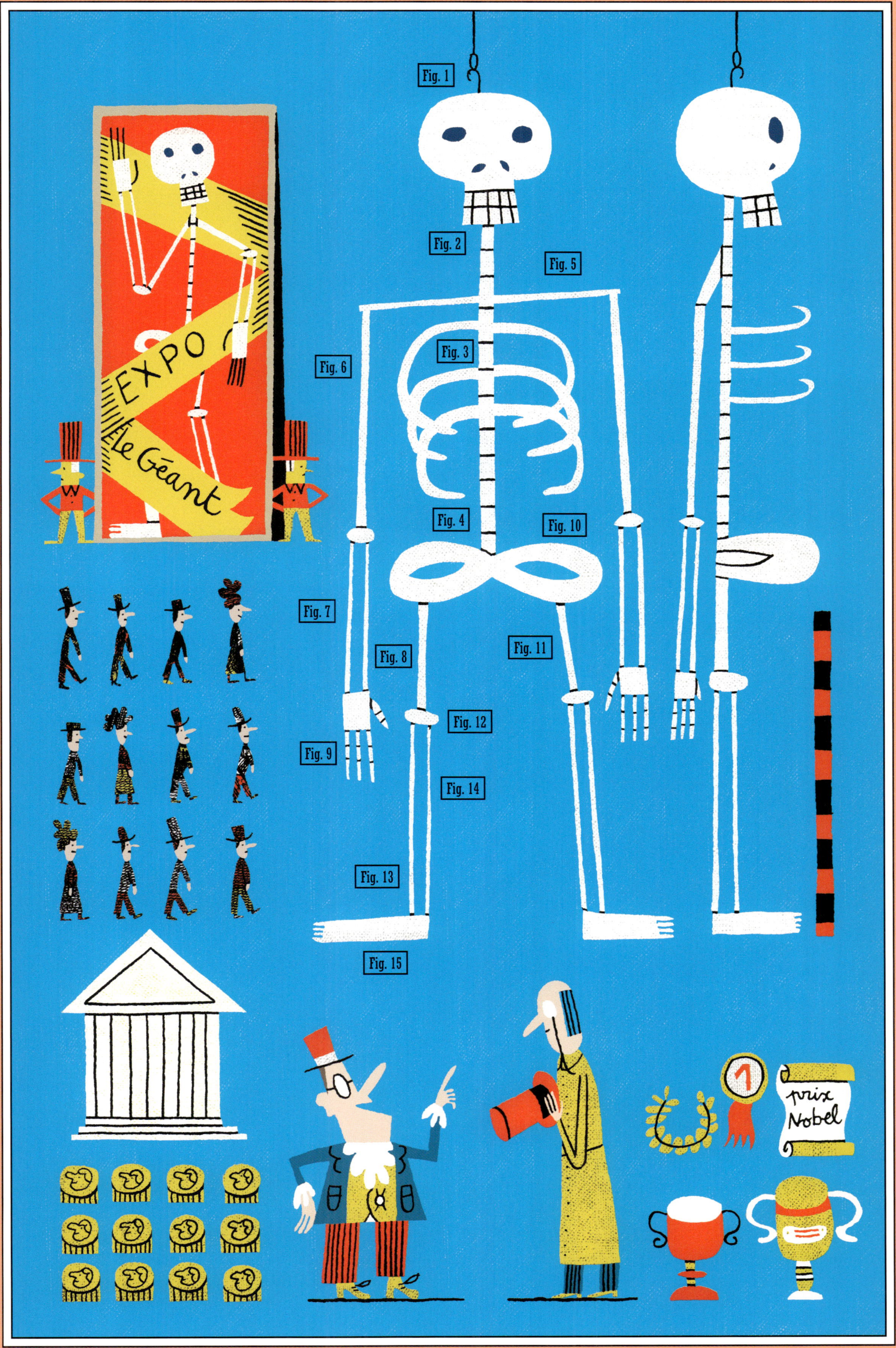
Fig. 1
Fig. 2
Fig. 3
Fig. 4
Fig. 5
Fig. 6
Fig. 7
Fig. 8
Fig. 9
Fig. 10
Fig. 11
Fig. 12
Fig. 13
Fig. 14
Fig. 15
EXPO
Le Géant
1
prix Nobel

— SQUELETTE —

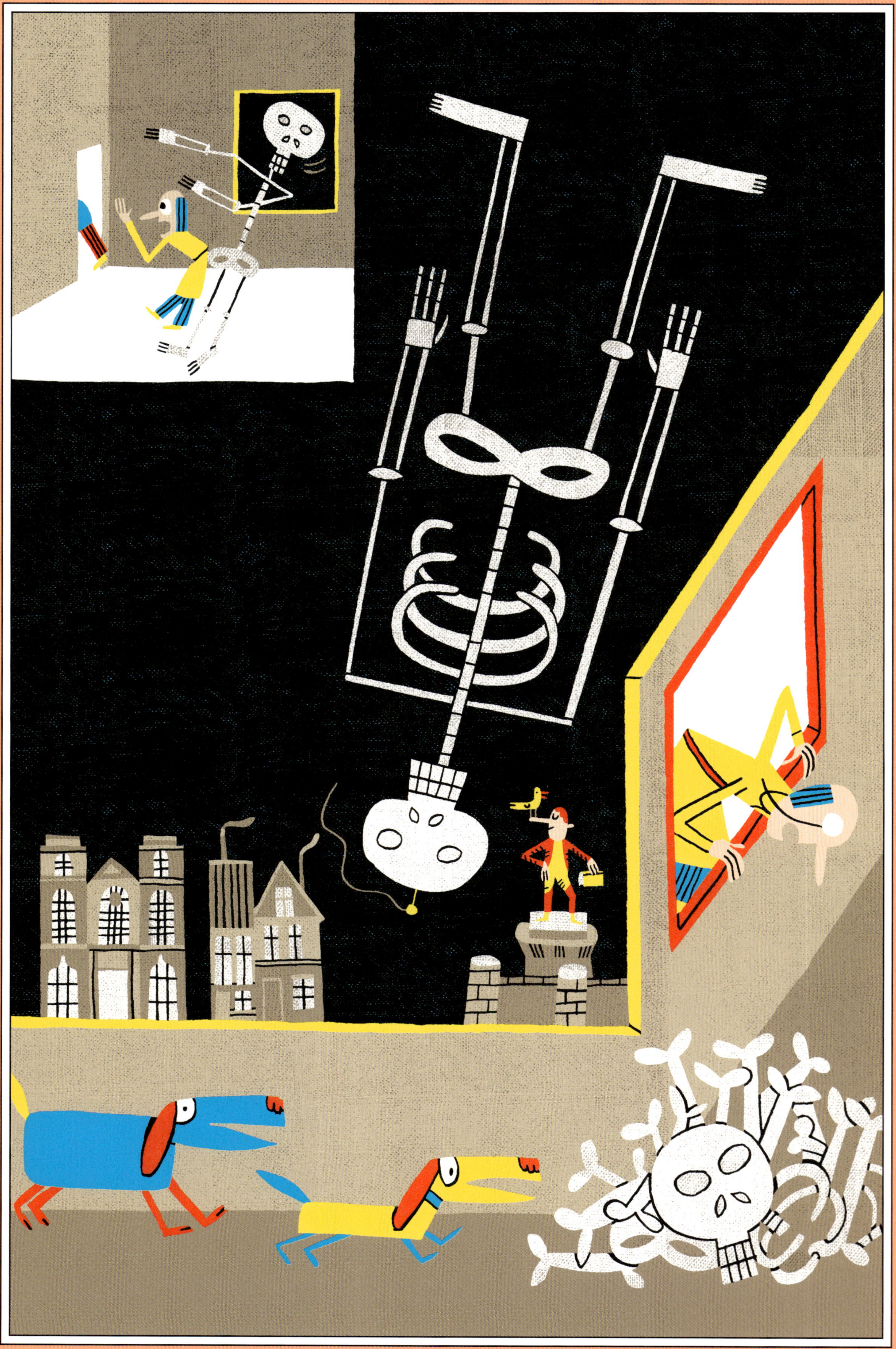

— MALADRESSE FATALE ! —

— ADIEU RÊVE —

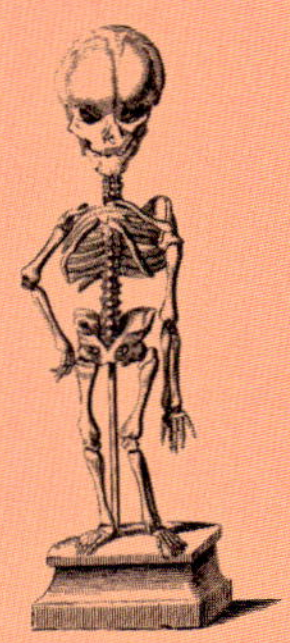

PLANCHES ORiGiNALES

— ANATOMiE —

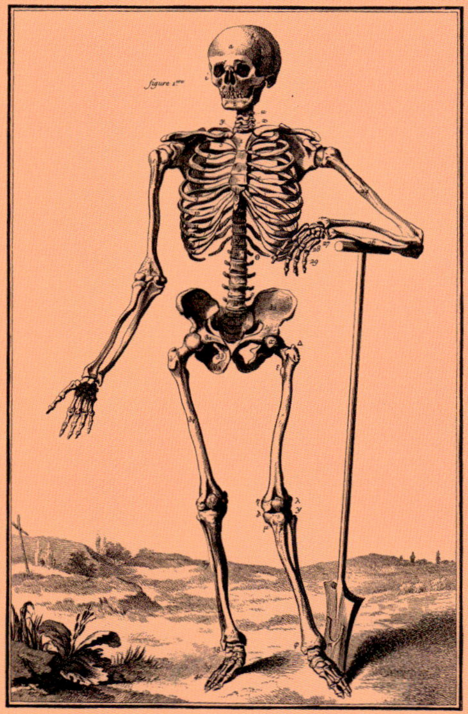

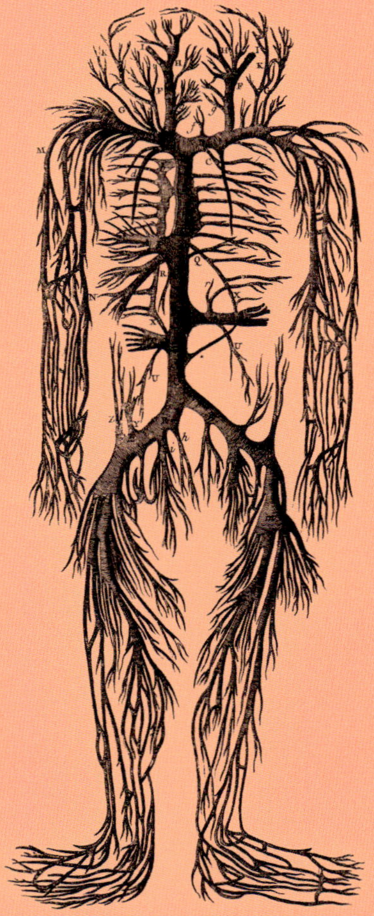

— ANATOMiE —

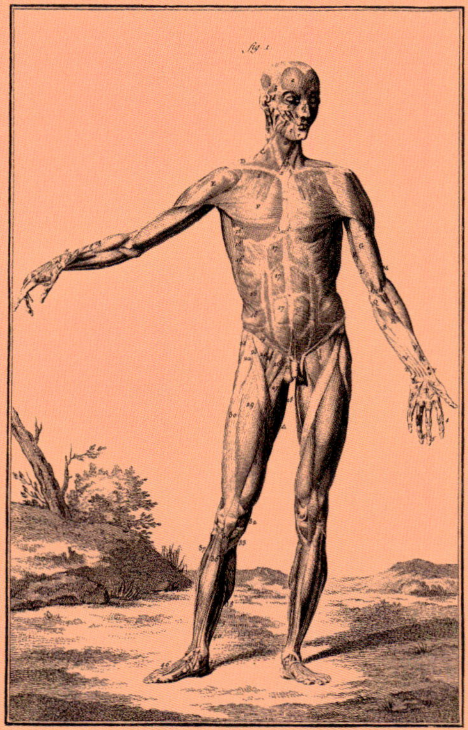

— ANATOMiE —

— CHiRURGiE —
Instruments.

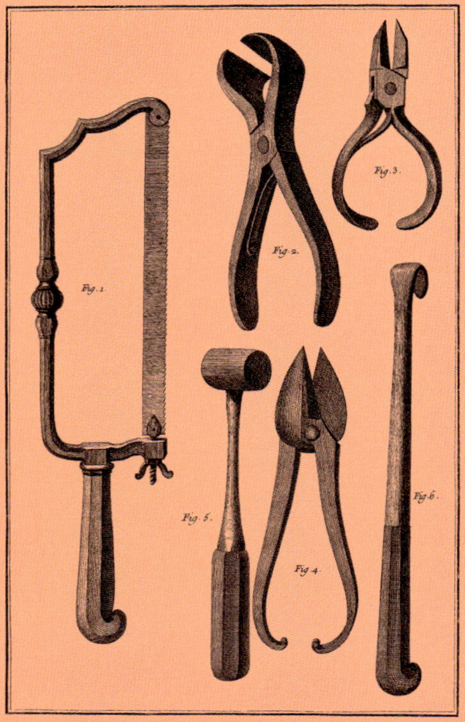

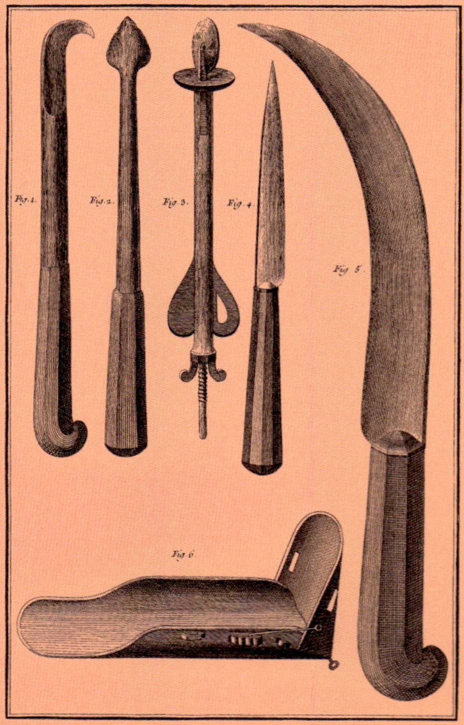

SCiENCES

JEAN-FRANÇOiS MARTiN

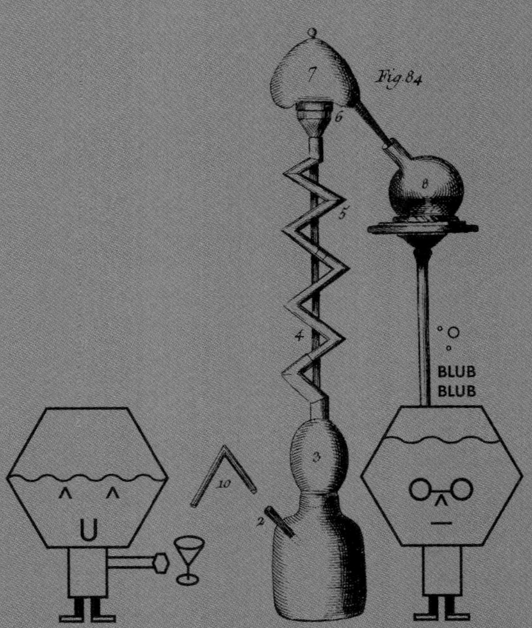

Planche I

TRiGONOMÉTRiE

La trigonométrie explique les relations qui existent entre les longueurs des côtés et les angles des triangles rectangles en s'appuyant sur des fonctions telles que sinus, cosinus ou tangente. Cette discipline a de nombreuses applications en astronomie (voir article « ASTRONOMiE », page 50), en navigation, orientation, physique (voir article page 50), technologie, balistique…

MA TRIGOHÈME

Je m'en démontrais, les points dans mes droites crevées ;
Mon triangle aussi divisait idéal ;
Je démontrais sous le cercle, Thalès ! et je factorisais ton égal ;
Oh là là ! Que de produits splendides j'ai fractionnés !

Mon unique sommet traçait un large sinus.
— Petit Euclide rêveur, j'additionnais dans ma tangente
Des figures. Mon rectangle factorisait à la Grande-Cotangente ;
— Mes ellipses au degré traçaient un doux cosinus.

Et je les triangulais, assis au côté des médiatrices,
Ces bons radians de septembre où je formulais des bissectrices
D'angle à mon segment, comme un théorème de facteur ;

Où, développant au carré des hypoténuses fantastiques,
Comme des adjacents, je convertissais les identiques
De mes opposés blessés, un équilatéral près de ma longueur !

(On relira avec bonheur Ma Bohème, *poème d'Arthur Rimbaud, 1870)*

Planche II

GÉOMÉTRiE

En mathématiques, la géométrie étudie les figures dans le plan ou dans l'espace. Le mot vient du grec ancien (*geo*: terre ; *metron*: mesure) et signifie donc « la mesure du terrain ». Les professionnels de la mesure des terrains s'appellent d'ailleurs des géomètres. (voir article « ARCHITECTE », page 70) La géométrie a de nombreuses applications concrètes.

Réponse de Jean Le Nôtre à son fils André (voir article « AUTOPORTRAiT D'UN JARDiNiER », page 16) :

Paris, 4 avril 1636,

Mon cher fils,

Votre missive du 12 mars dernier me laisse perplexe. Comment un garçon auquel j'ai enseigné le triangle du jardinier* à sept ans peut-il envisager de dévier d'une route aussi parallèle à celle de son père [Fig. 1] (D) parallèle à (D') ? Envisageriez-vous de choisir une perpendiculaire [Fig. 1] (D) perpendiculaire à (D"), de prendre la tangente (voir article « TRIGONOMÉTRIE ») pour un moment d'égarement en forêt ? Je ne veux point y croire.
Vous le savez, le Roi a acheté le domaine de Versailles à l'Archevêque de Gondi et il entend débuter des travaux d'agrandissement de son « chestif chasteau » le mois prochain. Nul doute qu'il y aura là du travail pour vous un jour. Mais pour l'heure, le jardin des Tuileries vous attend. Vous allez donc je vous prie cesser vos enfantillages et reprendre bien vite votre compas [Fig. 2], votre équerre [Fig. 4] et votre rapporteur [Fig. 3] pour agencer les végétaux comme ils doivent l'être. Confiant dans votre retour à la raison, je vous salue bien.

Votre père, Jean Le Nôtre

*Triangle du jardinier (de l'arpenteur ou du maçon : voir article « MAÇON & CHARPENTIER », page 116)

TRIANGLE DU JARDINIER

Le théorème de Pythagore montre que dans un triangle rectangle, le carré de la longueur de l'hypoténuse *c* est égal à la somme des carrés des longueurs des deux autres côtés *a* et *b*.

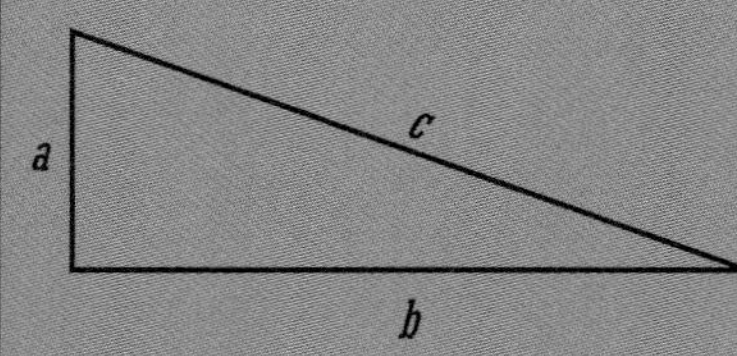

$a^2 + b^2 = c^2$

Comme les jardiniers doivent tracer des triangles rectangles et déterminer précisément des angles droits pour les massifs, ils se basent sur le plus simple qui existe :

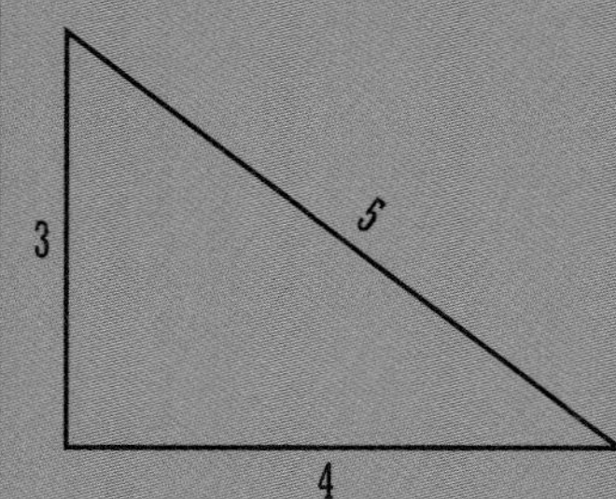

$3^2 + 4^2 = 5^2$ – Soit : $9 + 16 = 25$

Planche III

OPTiQUE

En physique (voir article page 50) l'optique est l'étude de la lumière, de ses propriétés et de la vision ainsi que des appareils captant ou diffusant de la lumière.

Grâce à l'optique, nous disposons aujourd'hui d'appareils photo [Fig. 1] ou de caméras (numériques depuis peu), nous regardons des films en 3D [Fig. 2], nous possédons des jumelles ou des lunettes, observons les galaxies avec des télescopes (voir article « ASTRONOMiE », page 50)… Mais comment cela a-t-il commencé ? Quel est le principe de base de l'appareil photo ?

On sait depuis plus de 2 000 ans « mettre une image en boîte ». Le principe est simple : il suffit de percer un petit trou au centre du couvercle d'une boîte à chaussures. L'image du sujet présent devant le trou est projetée (à l'envers) dans le fond de la boîte [Fig. 3] Diderot décrit d'ailleurs le sténopé (le trou) et la chambre obscure dans l'*Encyclopédie*.
La boîte étant fermée, on ne voit pas l'image ! Mais faisons confiance aux scientifiques, elle s'y trouve ! Si on doute (ce qui est très… scientifique), on peut découper un rectangle dans le fond de la boîte et coller une feuille de calque sur cette fenêtre. L'image apparaît alors sur le calque.

Si au lieu de découper la boîte, on place un papier photosensible (que la lumière noircit) dans le fond, l'image s'imprimera sur ce papier… et disparaîtra dès qu'on ouvrira le couvercle (la lumière noircira le papier). Pour qu'elle reste, il faudrait la fixer par un procédé chimique.
Ce sont ces deux dernières étapes qui ont pris du temps : chlorure d'argent sensible à la lumière, hyposulfite de sodium pour fixer l'image, Daguerre et Niepce pour finir, au début du XIXe siècle… Il n'existe donc pas de photographie de Denis Diderot, philosophe des… Lumières (voir « Que sont les Lumières ? », page 9) ! Un comble.

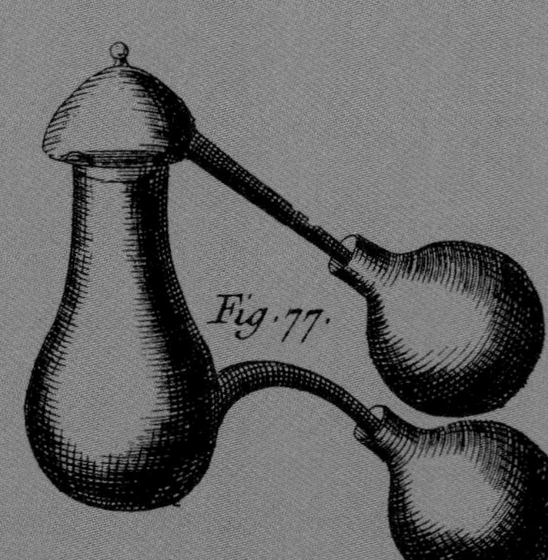

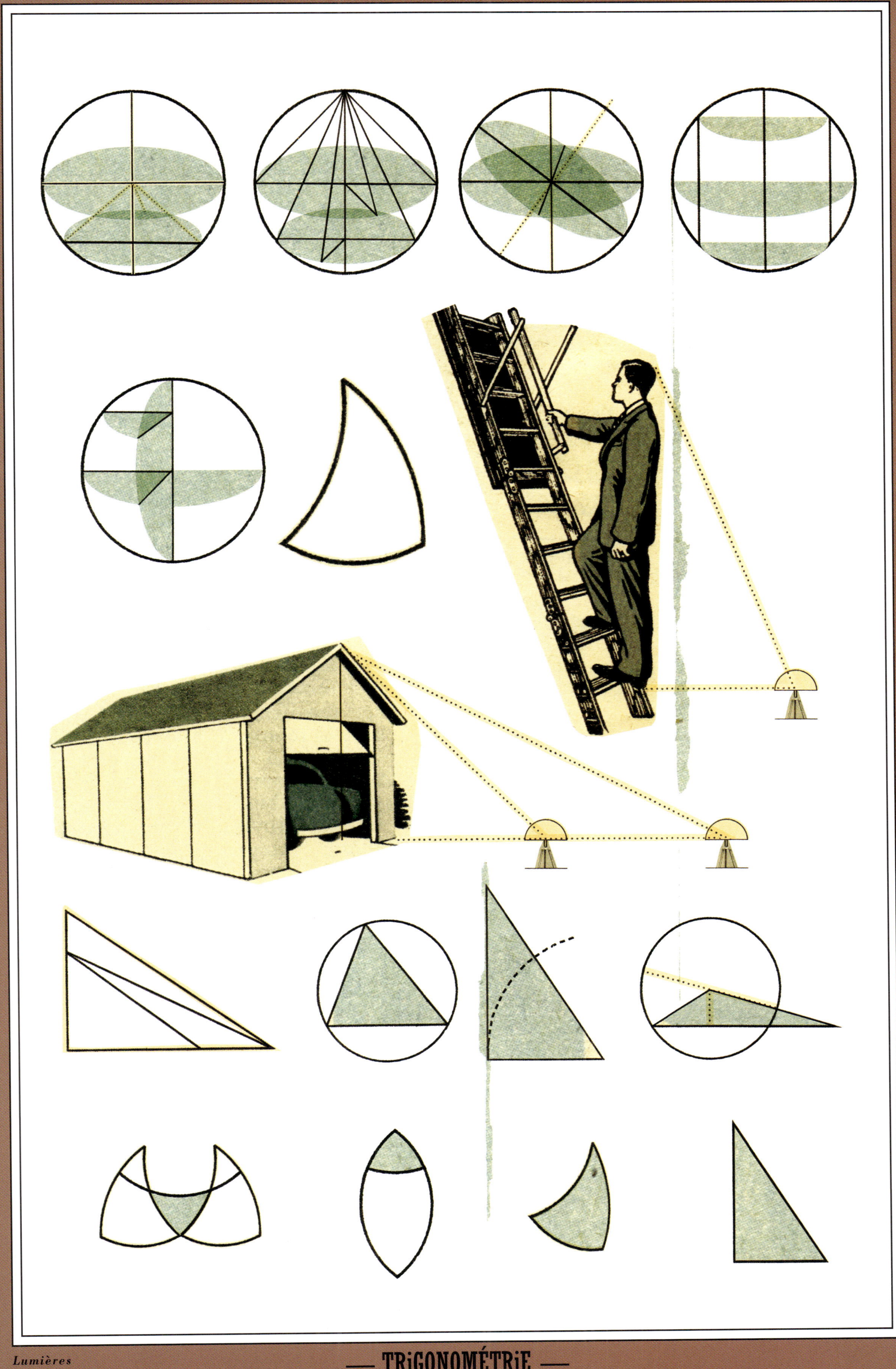

— TRIGONOMÉTRIE —

Fig. 2
Fig. 3
Fig. 4
(D)
(D")
(D')
Fig. 1

Fig. 2
Fig. 1
Fig. 3

Planche IV

ASTRONOMiE

C'est pas compliqué, je vais tout vous expliquer :

Le soleil est au centre du système… solaire. Il s'est formé il y a 4,5 milliards d'années et s'éteindra dans 5 milliards d'années. 5 500 °C à la surface et 14 millions au centre. Il représente plus de 99 % de la masse du système solaire.
La Terre, 12 600 km de diamètre, tourne sur elle-même en 24 heures. Ça fait les jours et les nuits.
Elle tourne autour du soleil en un an, selon une ellipse qui la place à une moyenne de 150 millions de km de lui et son axe de rotation est incliné. Ça fait les saisons.
La Lune (voir article « FUSÉE », page 80), 2 400 km de diamètre, satellite naturel de la Terre, lui tourne autour à une distance de 384 400 km en moyenne, en 28 jours. Ça fait les mois.
Dans le système solaire, il y a sept autres planètes (Mercure, Vénus, Mars, Jupiter, Saturne, Uranus et Neptune) qui ont chacune leurs dimensions, leurs distances, leur vitesse, leurs satellites… plus des planètes naines, des astéroïdes, des comètes…

Vous avez compris ? C'est pas compliqué ! Toutes ces choses dansent ensemble, infime partie de l'univers si vaste qu'on ne sait même pas s'il est fini ou infini.
Si on veut en savoir plus, l'astronomie nous tend les bras ! Il faudra aussi étudier la physique, l'optique, la géométrie, la trigonométrie…
Bon voyage « vers l'infini et au-delà », comme dirait ce bon vieux Buzz l'Éclair !

Planche V

PHYSiQUE

La physique, c'est quand on va à la pêche en barque [Fig. 1].
C'est aussi l'art de dessiner des beaux flocons pour Noël [Fig. 2] dans la buée des carreaux quand maman enlève la soupape de l'autocuiseur [Fig. 3].
C'est encore un jeu consistant à porter à ébullition le contenu d'une cocotte minute [Fig. 3], mais sous l'eau, pour faire des farces aux pêcheurs en criant au cyclone [Fig. 4] !

Pourquoi la barque flotte-t-elle ?
Archimède (287 – 212 av. J.-C.), physicien grec, a démontré le premier qu'un solide plongé dans un liquide subissait une poussée verticale de bas en haut, équivalente au poids du volume de liquide déplacé, compensant son propre poids qui, dans l'air, le ferait chuter. *Eurêka* !

Les flocons de neige sont formés de cristaux de glace dix millions de fois plus petits qu'eux donnant des formes très variées (selon une symétrie hexagonale) décrites par des modèles physiques.

La buée se forme sur les vitres froides quand il fait chaud à l'intérieur car l'air chaud peut contenir une plus grande quantité d'eau à l'état gazeux (vapeur) que l'air froid. Lorsque l'air refroidit sur les vitres, la vapeur « en trop » devient liquide et forme de minuscules gouttes d'eau : c'est la buée.

L'autocuiseur permet de cuire les aliments plus vite car l'eau comprimée par la vapeur bout à plus haute température (122 °C au lieu de 100). Lorsqu'on retire la soupape de sécurité, la pression baisse en chassant la vapeur d'eau emprisonnée par le couvercle.

Un cyclone se forme lorsque la pression atmosphérique baisse fortement dans une zone (souvent au-dessus des eaux chaudes des mers tropicales). Autour de la zone, l'air à plus haute pression est attiré vers ce centre et se met à tourner autour, provoquant des vents violents.

Toutes ces choses sont des phénomènes que la science physique explique notamment en utilisant des calculs mathématiques.

Planche VI

HYDRAULiQUE

Diderot en parle avec tellement d'élégance…

« *Partie de la méchanique qui considère le mouvement des fluides, & qui enseigne la conduite des eaux, & le moyen de les élever, tant pour les rendre jaillissantes, que pour d'autres usages.*
Ce mot est dérivé du grec ὕδραυλος, eau sonnante ; *[…] [car]* l'hydraulique, *chez les anciens, [étoit] la science qui enseignoit à construire des jeux d'orgue, & que dans la première origine des orgues, où l'on n'avoit pas encore l'invention d'appliquer des soufflets, on se servoit d'une chute d'eau, pour y faire entrer le vent, & les faire sonner.*
L'hydraulique *traite non seulement de la conduite & de l'élévation des eaux & des machines propres pour cet effet, mais encore des loix générales du mouvement des corps fluides.*
[…/…] L'hydrostatique considère l'équilibre des fluides qui sont en repos : en détruisant l'équilibre, il en résulte un mouvement, & c'est-là que commence l'hydraulique
[…/…] L'art d'élever les eaux & les différentes machines qui servent à cet usage, comme les siphons, les pompes, les seringues, les fontaines, les jets-d'eau, &c. sont décrits chacun en leur place. Voyez ***SiPHON, POMPE, SERiNGUE, FONTAiNE*** »…

… sur www.lumieres-encyclopedie.fr/

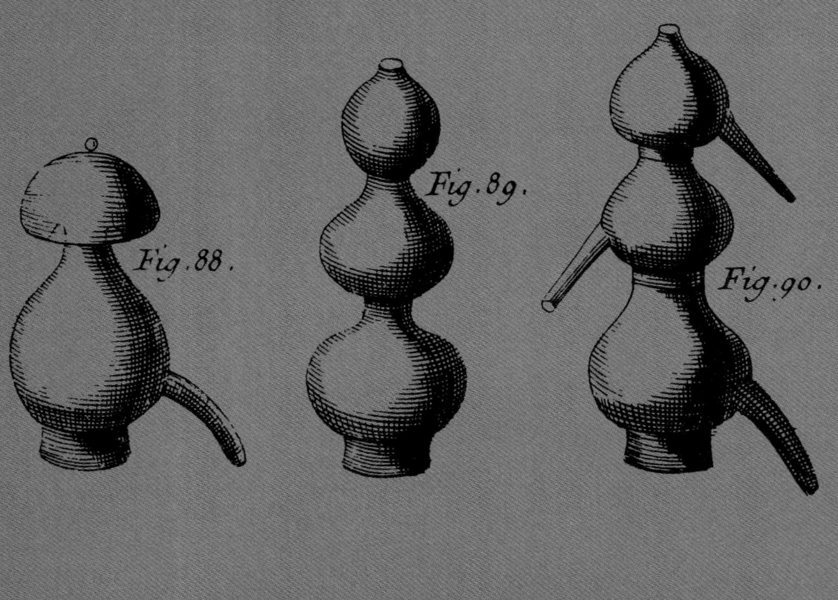

Lumières

— ASTRONOMIE —

Fig. 1

Fig. 4

Fig. 2

Fig. 3

— HYDRAULIQUE —

PLANCHES ORIGINALES

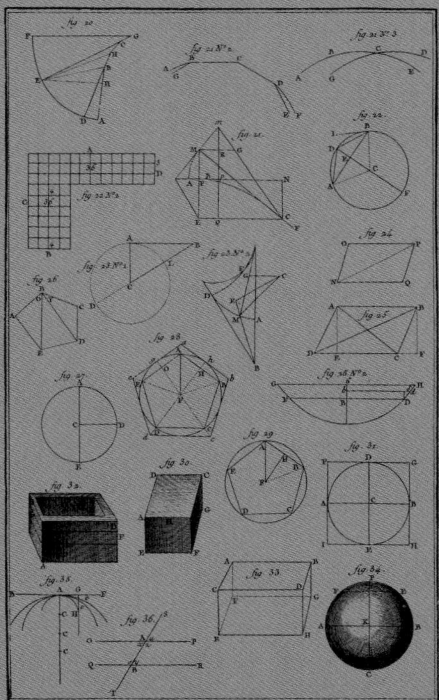

— GÉOMÉTRIE —

— HYDRAULIQUE —

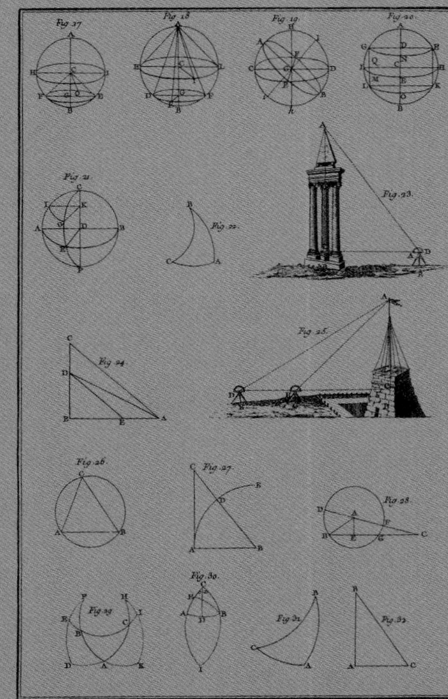

— TRIGONOMÉTRIE —

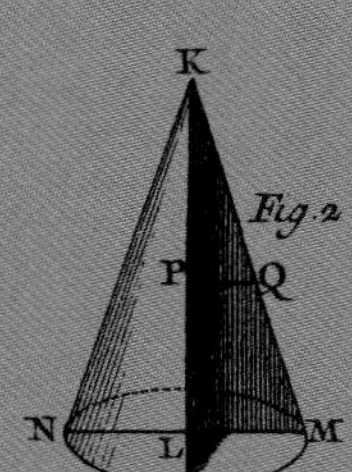

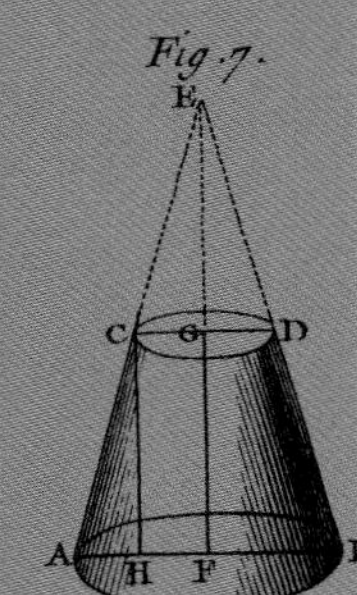

— PHYSIQUE —

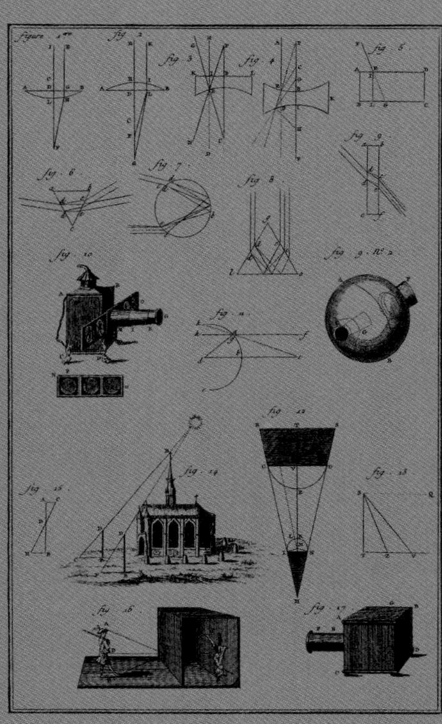

— OPTIQUE —

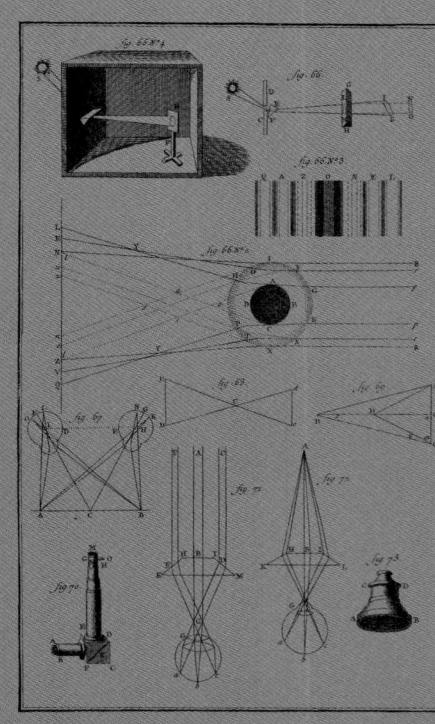

— OPTIQUE —

fig. 7.

MÉTiERS DE BOUCHE

JULiA WAUTERS

fig. 1.

Planche I

BOULANGERiE

- Fig. 1 — Pain aux 7 céréales
- Fig. 2 — Baguette
- Fig. 3 — Ficelle
- Fig. 4 — Épi
- Fig. 5 — Baguette viennoise
- Fig. 6 — Boule campagne
- Fig. 7 — Pain de seigle
- Fig. 8 — Pelle à enfourner
- Fig. 9 — Four à bois traditionnel
- Fig. 10 — Pain au lait
- Fig. 11 — Chausson aux pommes
- Fig. 12 — Croissant
- Fig. 13 — Pain au chocolat
- Fig. 14 — Pain aux raisins
- Fig. 15 — Moule et tarte aux fruits
- Fig. 16 — Moule et kouglof
- Fig. 17 — Ustensiles de décoration
- Fig. 18 — Cercle réglable
- Fig. 19 — Gâteau pâtissier
- Fig. 20 — Moule et sablés
- Fig. 21 — Tartelettes confiture
- Fig. 22 — Cookies
- Fig. 23 — Madeleine
- Fig. 24 — Cannelé
- Fig. 25 — Financiers

Les moulins produisent de la farine (voir article « MOULiNS », page 16) dont une grande partie (3 millions de tonnes par an) est transformée en pain (10 milliards de baguettes!) dans 34 000 boulangeries (hors grandes surfaces) car les Français mangent en moyenne 58 kg de pain par an (328 kg en 1900!).
Les premières traces de fabrication de pain (sans levain) remontent au paléolithique supérieur (30 000 ans). L'histoire du pain accompagne donc celle de l'humanité depuis longtemps, à peu près partout dans le monde.
Le boulanger se lève tôt parce qu'il faut du temps pour fraser, pétrir, bassiner, contre-fraser, pointer, diviser, bouler, détendre, façonner, apprêter, grigner, cuire et… vendre du pain frais à partir de 7 heures du matin!
Devenir boulanger, c'est apprendre un savoir-faire, un métier, mais c'est également entrer dans une culture qui a son vocabulaire propre (que signifient par exemple fleurer, hexanal, pétrissée, tourne à gris, clé, baisure ?), son rythme de travail, et porte avec elle une importante partie de l'histoire humaine. Les expressions suivantes le prouvent: gagner son pain, sa croûte, ôter le pain de la bouche, bon comme le bon pain, se vendre comme des petits pains, ne pas manger de ce pain-là, ça ne mange pas de pain, avoir du pain sur la planche, manger son pain blanc, perdre le goût du pain, faire passer le goût du pain, long comme un jour sans pain, être au four et au moulin…

Planche II

PÂTiSSERiE

41 SPÉCiALiTÉS PÂTiSSiÈRES… BiEN CACHÉES!

Les financiers se serrent la pogne en Suisse où ils planquent leurs galettes.

Dans la navette Paris-Brest en panne de pompe à huile, j'ai feuilleté un livre de mille feuilles puis, avec mon ami Makroud, nous avons eu une conversation sur une pièce montée à l'opéra.

Quelle tuile! Cette quiche de Charlotte, mon amie tropézienne, m'a mis une tarte quand je lui ai offert une rose des sables. J'en suis resté baba et j'ai piqué un far.

Avec Madeleine, on est tombés amoureux en un éclair et cela va croissant. Elle dit que je suis « trop chou »! Cette fille est vraiment une crème.

Derrière son voile de crêpe, la religieuse ajusta son oreillette pour avoir une conversation avec Marie-Madeleine.

Arrête de faire le cake: tu vas prendre une bûche!

Le mousse ardéchois, droit dans ses chaussons, affirme que quatre quarts du nougat sont produits ailleurs que dans la forêt noire ou sur le Mont-Blanc. Quelle tête de flan!

Même un petit four peut cuire treize desserts.

- Fig. 1 — Batteur
- Fig. 2 — Feuilles
- Fig. 3 — Tamis
- Fig. 4 — Chinois
- Fig. 5 — Rouleau « pique vite »
- Fig. 6 — Brosse à farine
- Fig. 7 — Pelle
- Fig. 8 — Pinceau
- Fig. 9 — Spatules
- Fig. 10 — Rouleau
- Fig. 11 — « Culs de poule »
- Fig. 12 — Fouet
- Fig. 13 — Cuillères
- Fig. 14 — Bassines
- Fig. 15 — Laminoir
- Fig. 16 — Boule de pâte
- Fig. 17 — Pâte étalée
- Fig. 18 — Chronomètre

Planche III

FROMAGERiE

« *Comment voulez-vous gouverner un pays où il existe 246 variétés de fromages?!* »

Ces paroles du général de Gaulle (président de la République 1959-1969) prouvent l'importance du fromage en France où plus de 300 fromages différents sont produits, dont une quarantaine bénéficiant du label AOP (Appellation d'Origine Protégée) protégeant le nom d'un produit élaboré dans une zone géographique précise, selon un savoir-faire reconnu.

Mais comment fabrique-t-on le fromage?
Prenons l'exemple du « Langres AOP », que Denis Diderot dégustait peut-être en relisant les articles de son encyclopédie puisqu'il est né à Langres et que ce fromage est très ancien.
La fabrication de la plupart des fromages respecte les étapes suivantes:

1 – PRÉSURE Fig. 1, **CAiLLAGE** Fig. 2
On ajoute au lait un produit tiré de l'estomac des jeunes ruminants (la caillette) sous l'action duquel il coagule (devient solide) en quelques heures.
2 – MOULAGE, ÉGOUTTAGE Fig. 3
Avec une louche (ou une machine), on place le lait caillé Fig. 4 dans des fromottes ou faisselles Fig. 5 et on le laisse égoutter 24 heures.
3 – DÉMOULAGE, SALAGE
Les fromages formés sont démoulés, lavés (eau + ferments et levures puis eau salée) et salés.
4 – AFFiNAGE
Les fromages sont placés sur des claies de séchage Fig. 6 et affinés (amenés à maturité) 15 à 21 jours selon la taille. L'affinage est extrêmement important (température, hygrométrie, brossage…).
5 – CONDiTiONNEMENT Fig. 7
Les fromages sont emballés et prêts à être vendus.

— BOULANGERiE —

Fig. 1
Fig. 2
Fig. 3
Fig. 4
Fig. 5
Fig. 6
Fig. 7
Fig. 8
Fig. 9
Fig. 10
Fig. 11
Fig. 12
Fig. 13
Fig. 14
Fig. 15
Fig. 16
Fig. 17
Fig. 18

— PÂTiSSERiE —

— FROMAGERiE —

Planche IV

SANDWiCHERiE « CHEZ MAURiCE »

Je connais Maurice depuis 5 ans. C'est un grand type sympa chez qui j'achète mes sandwiches du midi. Il est plutôt chic et quand il travaille on a l'impression qu'il danse. Il fait 1 000 allers-retours par jour dans son camion, dépliant ses longs bras pour attraper un pain et l'enquiller sur les pics de la machine à hot-dog Fig. 1, gratter sa plaque de cuisson Fig. 2 avec sa spatule Fig. 3, sortir le panier Fig. 4 de la friteuse Fig. 5 ou passer ses paninis (les meilleurs du monde!) au grill Fig. 6 .
Et ce n'est pas tout, c'est lui aussi qui conduit et entretient son camion, fait les courses, la vaisselle, rend la monnaie, assure sa promotion, remplit des paperasses pour son comptable ou les impôts... Le tout pour gagner trois fois rien à la fin du mois. Chauffeur, garagiste, chef cuistot, plongeur, serveur, caissier, secrétaire comptable... Comment il fait? Ça doit tellement fumer dans sa tête et dans son corps que, le soir, il doit se prendre pour un panini, avec le fromage qui coule et tout!
En plus il n'a pas fait l'école hôtelière (voir article « RESTAURANT GASTRONOMIQUE ») ni rien, Maurice. En rigolant, il dit qu'il n'a même pas trop fait l'école tout court! Il a tout appris tout seul. Ben moi je dis « Chapeau! » parce qu'à son restaurant à roulettes, on mange drôlement bien, pour pas trop cher, et on rigole toujours.

Planches V & VI

RESTAURANT GASTRONOMiQUE

Un restaurant gastronomique propose des plats de qualité servis avec de bons vins dans un cadre agréable. L'accueil doit être attentif et le service soigné. Michelin et Gault et Millau sont les deux guides gastronomiques les plus connus. 26 restaurants français sont classés « 3 macarons (ou étoiles) Michelin » (« cuisine remarquable valant le voyage ») et 12 « 5 toques Gault et Millau » (note supérieure à 19 sur 20). Pour un chef, voir son travail reconnu par une telle distinction représente une consécration: Emmanuel Renaut, restaurateur à Megève, n'hésite pas à parler de Graal!
Côté prix, les meilleurs menus se situent généralement entre 300 et 400 € sans les vins dans un trois étoiles Michelin ou 5 toques Gault et Millau!

Ces restaurants emploient beaucoup de gens (contrairement à Maurice qui fait tout tout seul).

– EN CUiSiNE

- Fig. 1 — Commis de cuisine
- Fig. 2 — Chef de partie légumes
- Fig. 3 — Chef
- Fig. 4 — Second chef
- Fig. 5 — Chef de partie poissons
- Fig. 6 — Pâtissière

– EN SALLE

- Fig. 1 — Maître d'hôtel
- Fig. 2 — Serveuses
- Fig. 3 — Chef de rang
- Fig. 4 — Sommelier

Les employés de ces restaurants ont généralement fait leurs études dans une école hôtelière (arts culinaires, arts de la table et du service) et doivent être prêts à travailler beaucoup (parfois jusqu'à 48 heures par semaine, officiellement) pour des salaires mensuels un peu plus élevés que la moyenne (à qualifications comparables) mais qui ramenés au salaire horaire ne sont pas si énormes.
L'organisation, en cuisine comme en salle, est très stricte pour que les clients d'une même table soient servis en même temps, même s'ils ont choisi des plats différents, le tout sans trop d'attente. En cuisine, le chef cuisinier garde toujours un œil sur le chronomètre Fig. 7 et, avec le maître d'hôtel, véritable chef d'équipe qui gère les relations entre la salle et la cuisine, ils font respecter une discipline quasi militaire (voir article « EXERCICES MILITAIRES », page 96): hiérarchie, ordre, hygiène...

– EN CUiSiNE

- Fig. 8 — Couteau éplucheur
- Fig. 9 — Couteau à effiler le poisson
- Fig. 10 — Poche à douille
- Fig. 11 — Fourchette de chef
- Fig. 12 — Fourchette baïonnette
- Fig. 13 — Couteau à pain
- Fig. 14 — Louche
- Fig. 15 — Pelle
- Fig. 16 — Spatule
- Fig. 17 — Cuillère à égoutter
- Fig. 18 — Écumoire
- Fig. 19 — Couteau de boucher
- Fig. 20 — Désosseur
- Fig. 21 — Couperet ou feuille de boucher

– EN SALLE

- Fig. 5 — Assiette
- Fig. 6 — Verre à eau
- Fig. 7 — Verres à vin: A rouge - B blanc
- Fig. 8 — Flûte à champagne
- Fig. 9 — Serviette rince-doigts
- Fig. 10 — Couverts à dessert
- Fig. 11 — Fourchette de table
- Fig. 12 — Fourchette pour poisson
- Fig. 13 — Fourchette pour plat principal
- Fig. 14 — Couteau pour plat principal
- Fig. 15 — Couteau pour poisson
- Fig. 16 — Couteau à dessert
- Fig. 17 — Cuillère à potage
- Fig. 18 — Carte, menu
- Fig. 19 — « Mise en bouche »

— SANDWiCHERiE « CHEZ MAURiCE » —

— RESTAURANT GASTRONOMiQUE - EN SALLE —

— RESTAURANT GASTRONOMiQUE - EN CUiSiNE —

— PÂTISSIER —

Tour à Pâte, Bassines, Mortier & c.

PLANCHES ORIGINALES

— BOULANGER —

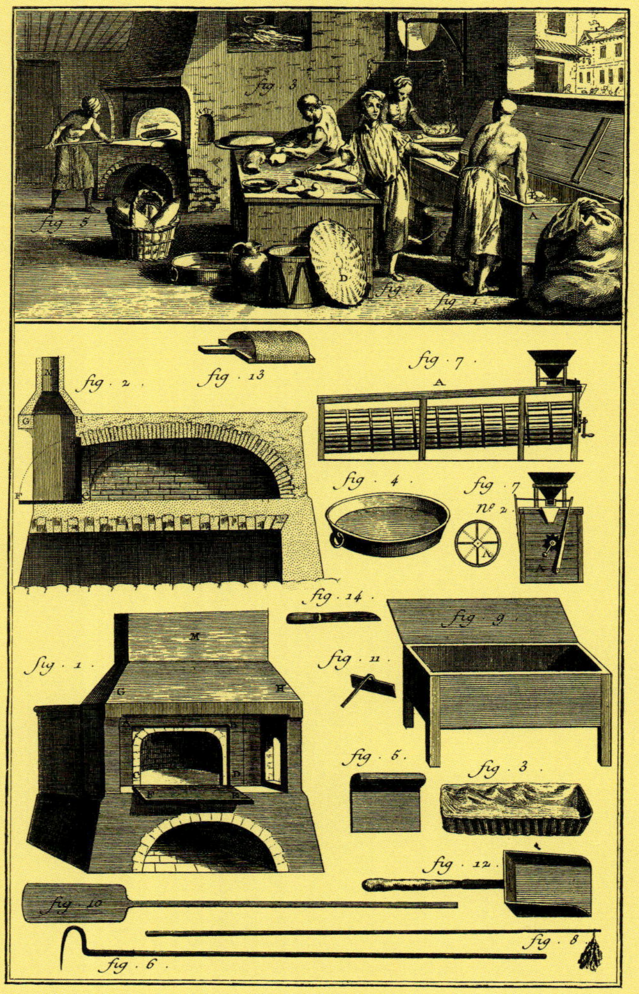

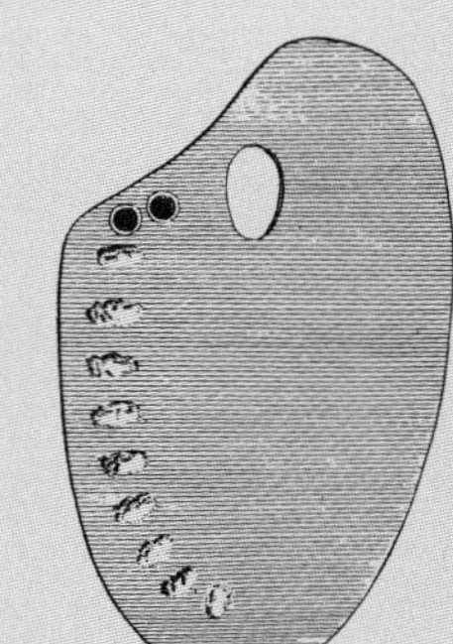

Fig. 12.

BEAUX-ARTS

TOM SCHAMP

Fig. 14.

Introduction

Les mots en italique renvoient à des détails des planches de Tom Schamp.

Que sont les « Beaux-Arts », les *bozar*?

On dit que chaque art a son écriture… Mais comment parler d'écriture en peinture ou en musique ?
Et pour qu'il y ait écriture artistique, il faut des *artistes*. Mais c'est quoi, un *artiste*? Arts beaux ou laids ?... Qui choisit ? Comment dresser la liste ?
L'art doit avoir ses lieux. Qui décide de les créer ? Qui les construit ?

Et finalement, c'est quoi l'art ?
Une fête peut-être.

Planche I

MUSiQUE

On aurait peut-être oublié l'*Hymne de Saint Jean-Baptiste* (Paul Diacre, XIe siècle) si les premières syllabes de chacun de ses vers (à l'exception du dernier) ne formaient la gamme utilisée au XIe siècle : ut ré mi fa sol la. Guido d'Arezzo (un moine) a fait de ce texte un acrostiche pour nommer les notes.
Au XVIe siècle, do (la première syllabe de *dominus*, le Seigneur en latin) a remplacé ut. Le si (premières lettres des mots du dernier vers) date de la fin du XVIe.

Do ré mi fa sol la si… sept petites *notes de musique* (*dièses* et *bémols*, les altérations, portent le total à douze) avec lesquelles les *musiciens* ont écrit (presque) toute la musique, pendant dix siècles !
Monteverdi (compositeur italien, 1567-1643), *Louis Armstrong* (jazzman américain, 1901-1971), Salif Keita (musicien malien, 1949) ou Rihanna (chanteuse de La Barbade, 1988) jouent avec les mêmes *notes*, même si de nouvelles écritures apparaissent aujourd'hui.

Les musiciens partagent donc une écriture, une grammaire, qu'ils utilisent chacun à leur manière, dans leur style, et comme personne, créant ainsi LEUR écriture.

Planche II

ARTiSTE

Un artiste, c'est… un poète bohème ? Un « dans la *Lune* » aux idées bizarres ? *Un fantaisiste avec une écharpe rouge*?

Lançons quelques gros mots entendus quand on parle des artistes. Mais il vous faudra encore faire votre « chemin de définition » :

CRÉATiViTÉ
C'est la capacité à créer, à inventer.
ORIGiNALiTÉ
Opposée à banalité, imitation… Est original ce qu'on n'avait jamais vu.
POÉSiE
Ce n'est pas seulement la poésie écrite… C'est aussi un état d'esprit, une émotion, une manière de regarder, de ressentir. Une œuvre est poétique si elle nous amène à ressentir ce type d'émotion.
RÉFLEXiON, iNTENTiON
L'artiste questionne le monde et à travers son travail nous livre son point de vue ou provoque nos réactions.
SYMBOLE
Une *idée* abstraite (la *liberté*, l'amour…) représentée par quelque chose qu'on peut toucher ou voir. Exemple : le *lion* symbolise la puissance.
BEAU
Le Petit Robert dit :
« BEAU : n.m. Ce qui fait éprouver une émotion esthétique. »
« ESTHÉTIQUE : n.f. Science du beau dans la nature et dans l'art/adj.: relatif au sentiment du beau. » Mmm'oui ?!
Delacroix (peintre français du XIXe siècle) ne nous aide pas beaucoup : « Les règles du beau sont éternelles, immuables et les formes en sont variables. » Euh… ?!
Personne ne vous expliquera clairement ce qu'est « le beau » : c'est subjectif, personnel ! Alors faites comme les artistes : soyez subjectifs ! Mais rassurez-vous, Émile Zola (écrivain français du XIXe siècle) a dit : « La science du beau est une drôlerie inventée par les philosophes pour la plus grande hilarité des artistes. »
LES BEAUX-ARTS
Au XVIIe siècle, les Beaux-Arts sont l'architecture, la peinture, la sculpture et la gravure : « les arts qui se préoccupent de la connaissance du beau » ! Et les autres ? Un musicien ne cherche-t-il pas à jouer de BEAUX morceaux ? Un cinéaste à réaliser de BEAUX films ?
Les conceptions et définitions ont donc évolué. On n'a pas touché aux Beaux Arts mais on détermine aujourd'hui une liste de neuf arts : 1. architecture, 2. sculpture, 3. arts visuels, 4. musique, 5. littérature, 6. arts de la scène, 7. cinéma, 8. arts médiatiques, 9. bande dessinée. Le terme « *artiste* » s'étend donc du *musicien* au photographe (voir article « OPTIQUE », page 46), en passant par le jongleur, le metteur en scène ou l'illustrateur… Comprendre le mot revient alors à trouver les points communs à tous ces gens ! Mais comme l'*artiste* cultive singularité et originalité, il n'y en a pas deux qui se ressemblent !
Et chacun donnera donc sa propre définition.
UN ESSAi
Un *artiste* est quelqu'un qui s'amuse très sérieusement à transformer, raconter, projeter, découper, mimer, marquer, saisir, copier, interpréter, dire, tracer, bricoler… le monde qui l'entoure, au moyen d'une technique qu'il maîtrise mais qu'il explore toujours, et tente de le faire comme personne en usant (de) ses émotions.

Planche III

SCULPTEUR-PLASTiCiEN

Quatre créateurs : *Léo*, Marcel, Auguste, Andrew.
Observons leurs œuvres, le contexte dans lequel ils les ont réalisées, et voyons les liens entre eux.
***LÉO*, 1452 – 1519, GÉNiE UNiVERSEL !**
Il commence en 1482 l'étude d'une *statue* de *cheval* haute de 7 mètres, reposant sur deux pattes : du jamais vu ! 16 ans plus tard, il réalise un modèle en craie, fabrique un moule mais ne trouve pas le bronze nécessaire (100 tonnes!) qui a été utilisé pour couler des *canons*. Modèle et moule sont détruits par la guerre en 1499. *Léo…nard de Vinci* ne verra jamais sa statue… réalisée 500 ans plus tard !
MARCEL, 1887 – 1968, PEiNTRE, PLASTiCiEN, ÉCRiVAiN.
Il invente le *ready-made*, en exposant des objets courants sans les modifier. Selon lui, les placer dans un musée avec sa signature en fait des œuvres d'art. *Roue de bicyclette*, porte-bouteilles, urinoir…
D'abord vues comme une provocation, ces œuvres questionnent le monde de l'art et on considère désormais que Marcel… Duchamp a influencé de nombreux courants artistiques.
AUGUSTE, 1834 – 1904, SCULPTEUR.
En 1884, il réalise à Langres la *statue de Diderot*, symbole de l'humanisme et des *Lumières*.
En 1886, Auguste… Bartholdi crée la *statue de la Liberté* et en fait le symbole de la libération de l'oppression.
ANDREW (ANDY POUR LES iNTiMES), 1928 – 1987, PEiNTRE, PUBLiCiTAIRE, AUTEUR, RÉALiSATEUR…
En 1962, il peint (sérigraphie) les 32 variétés de *soupe Campbel en boîtes de conserve*. Cela choque le public : un rayon de supermarché peut-il être œuvre d'art ? Andy… Warhol l'affirme et devient le principal animateur du Pop'art, mouvement qui influencera les décennies suivantes.

Vinci reproduit fidèlement le cheval. Bartholdi crée une statue réaliste de Diderot et travaille sur les symboles. Duchamp décrète des objets du quotidien œuvres d'art. Warhol représente parfaitement un produit de grande consommation. Léo, Marcel, Auguste et Andy, à des époques et dans des courants différents, imitent, reproduisent, portent un jugement, provoquent des réactions…

Sont-ils tous des artistes ? Lequel des quatre a-t-il approché « le beau » de plus près ?

Allegretto
Génius
monte verdi
Chaise musicale
Mélomane
Génius
ALan Lomax
Violoniste
Soliste
La Muse
Mini-mélo man
B-organ
Old skool
New skool
BEAT BOX
Violoncello
Violon Hello !
Luthe
Superflute
Beat Boxes

— MUSiQUE —

Brosse
FORME
Artiste sociale
Égalité
Liberté
Fraternité
Artiste asociale
COBi
UP
EZEL
STUDY
PAINT
Jeune Artiste
Artiste intuitive
Idée Révolutionnaire
Artiste intellectuel
Grande idée
TOM SCHAMP
Plumes
Pinceaux
Brosses
Peinture fraîche
13
YEARS
Coloriage
Red
SOUP
rouge
jaune
brun
R
J
B
Tubes acrylique
P'tit maître
Palette de peintre
Palette nature
Palette nature morte
Caisse (pas toujours remplie)

— ARTiSTE —

— SCULPTEUR-PLASTICIEN —

Planche IV

ARCHiTECTE

Mais où sont les Beaux-Arts ? Et les arts tout court ?
Ils doivent avoir leurs lieux de rendez-vous, leurs « salles des fêtes » !
Qui décide de les créer ? Qui les construit ?

Les Beaux-Arts ont leurs écoles dont l'enseignement ne se limite plus à peinture, sculpture, gravure, architecture. On y forme aussi à la photographie, à la vidéo, aux arts du numérique, à la céramique… Il existe en plus de nombreuses écoles (Arts Appliqués, Arts Décoratifs…) qui forment aussi des artistes.
Les *architectes* quant à eux sont aujourd'hui issus des « Écoles nationales supérieures d'architecture », indépendantes des écoles des Beaux-Arts. Ce sont eux qui conçoivent les lieux de l'art (musées, théâtres, opéras, médiathèques, cinémas, salles de concerts…) et dirigent leur construction en tant que maîtres d'œuvre (voir article « ARCHiTECTE D'iNTÉRiEUR », page 120). Ils construisent également les logements, les crèches, les établissements scolaires, les casernes de pompiers, les gymnases… Nous vivons dans le fruit de leur travail !

Mais qui paie ? Car il faut des *sous* pour construire les lieux culturels et artistiques !
À l'exception des musées privés (fondations), des galeries (privées ou associatives) et des cinémas (souvent privés), les lieux de l'art et de la culture sont financés par des fonds publics (mairie, conseils généraux ou régionaux, ministère de la Culture…). Ces constructions résultent donc de choix politiques et dépendent de la volonté de soutenir l'art et la culture. Les *maires*, les députés, les ministres… jouent donc un rôle important dans la création artistique.

L'*architecte* est-il un artiste ?
Il dessine pour créer une œuvre en volume (un bâtiment) en lien avec ce qu'elle abrite, dans le respect des règles de son art. Il possède son style, son « écriture » (voir article « MUSiQUE », page 66). Il doit faire preuve de créativité, d'originalité, de poésie parfois et ses constructions doivent être… belles. Les bâtiments qu'il conçoit étant destinés aux « gens », il est bien placé pour questionner le monde qui l'entoure, livrer son point de vue et provoquer nos réactions sur notre société et nos modes de vie. Son travail l'amène donc à s'ouvrir à de nombreuses disciplines telles que la sociologie, l'urbanisme ou le paysage puisqu'un bâtiment s'intègre dans un environnement.
Il travaille avec des ingénieurs (structure, thermique, acoustique…), des géomètres (voir article « GÉOMÉTRiE », page 46), des maçons, des charpentiers (voir article « MAÇON & CHARPENTiER », page 116) et autres métiers du bâtiment dont il doit coordonner le travail dans le respect des normes de la construction en constante évolution. Il doit maîtriser au plus juste le coût de son bâtiment pour respecter du début à la fin le budget et les délais fixés par les financeurs (maîtres d'ouvrage).

Difficile de déterminer la place de l'architecte dans la société ! Les architectes eux-mêmes passent d'ailleurs beaucoup de temps à en débattre !

Alors, artiste ou non, l'architecte ?

Planche V

L'ART EST UNE FÊTE

L'art est une *fête*.
Ça commence par un regard, à la *loupe*.
Un regard sur les choses.
Et des choses à dire. Ou à crier parfois.

Prends tes *crayons*, tes *ciseaux* et viens !

L'art fait son *cinéma*.
Parlant ou muet.
Et la *Lune* n'en croit pas son *œil*.
Et *Charlie* dandine ou *chapeline* dans la rue… Mais où est Charlie ?
L'art est jeu et amuse sa *muse*, s'amuse, se répète.

Prends tes idées, tes images et accours !

L'art est littérature quand il nous fait un toit, nous tutoie quand ses mots s'emportent, nous emporte sur le toit du vent d'autan et autant en emporte le vent.
L'art est fanfare, big band, *orchestre* des quatre saisons (de Vivaldi), *symphonie* des *Monts Verdis*.
L'art tourne le dos, délibérément, mais toujours va de l'avant, avant-gardiste.
Attends l'artiste !

Prends ton *violon*, tes gamelles et fonce !

L'art est *luciole*, se brûle parfois les ailes en approchant de trop près les *lumières*.
Il éclaire pourtant celui qui ne craint pas ses courants.
L'art est toujours prêt, *ready-made*, toujours sur le qui-vive, le qui m'aime me suive ou le qui-va-là ? Il est à qui veut l'entendre.

Prends tes *Cobi*, tes Kapla et construis !

L'art est *polyglotte*, laisse des traces ou ne sert à rien.
L'art est griffe. L'art est graff.
L'artiste prend des baffes et se rebiffe.
Distribue des pifs et des pafs.

Prends tout ce que tu sais, tout ce que tu es, et fais !

L'art est histoire naturelle, d'homme à homme.
L'art est transport… de joies ou de peines.
L'art est écriture et laisse à chacun sa signature.
L'art est artisanal mais s'en défend… défense d'entrer, *chantier* interdit au public.
L'art est mode, nous réchauffe, nous élégante.
L'art est *jardin*… secret ou public, mais qui toujours se crée.
L'art est agriculture, culture en plein champ, en plein chant.
L'art est paix, la guerre se dit art, trop tard ou trop tôt, Désert des Tartares. Guerre et paix.
L'art est culinaire mais il fuit les recettes.
L'art est science, géométrie au sommet de son art, optique d'appareil photo, physique de *mannequin*, astronomie de stars.
L'art est chirurgical, dissèque l'anatomie de nos âmes et propose des sutures à leurs usures, à leurs ruptures.

L'art est tout ça, il est tout là, oui l'art y est car l'arrière garde ne rattrapera jamais l'avant-garde. *Tintin ! Not In My Back Yard !*
L'art est encyclopédie.
Il rencontre parfois le laid, mais toujours cherche le beau qu'il snobe pourtant, insolent.

Et *en avant la musique, avanti la Commedia… dell'arte*, où chacun devient guignol qui ne se gendarme pas !

L'art est une fête oui… qui commence par un regard,
et finit par un clin d'œil :
l'art *TOM* déborde d'énergie.

BEAUX ARTS
PILAR
SCHAMP
Whistle while you work
L'architecte
BOZAR
Les jardiniers

— ARCHiTECTE —

TOM SCHAMP

Planche V

— L'ART EST UNE FÊTE —

PLANCHES ORiGiNALES

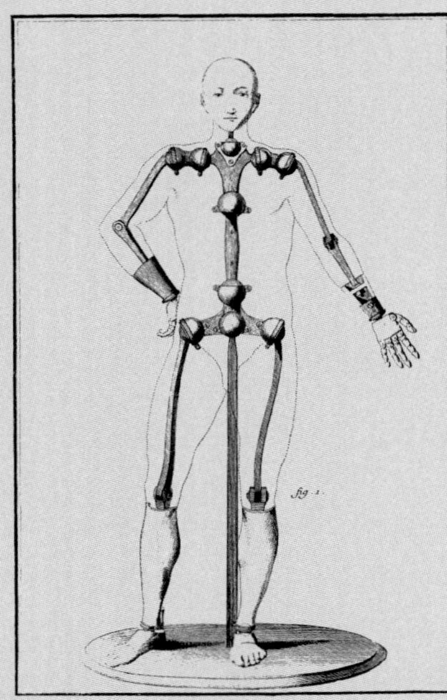

— DESSEiN —
Mannequin.

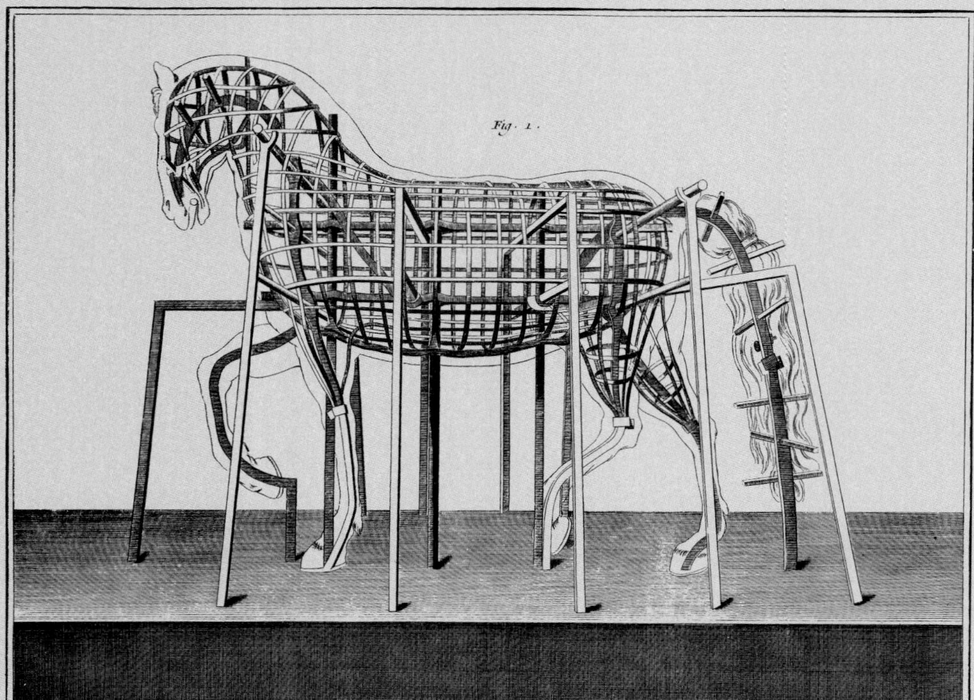

— SCULPTURE, FONTE DES STATUES ÉQUESTRES —
Armature de fer qui a été faite dans le corps du cheval avec les pointails et pilier batants pour soutenir la figure équestre.

— LUTHERiE, *Instrumens anciens, modernes, étrangers, à cordes, à pincer, de percussion, à vent, à bocal, à anche.* —

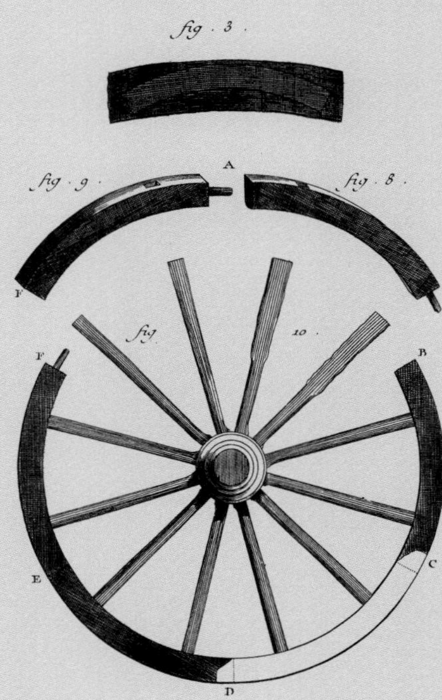

TRANSPORTS

CLOTILDE PERRIN

Planche I

CARAVANE

J'avais cinq ans. Mes parents ont acheté une caravane et pour la première fois on est partis en vacances ailleurs que dans la famille. Mon père disait : « Enfin libres ! On veut faire la grasse matinée ? On la fait ! On trouve le camping miteux ? On attèle et hop ! » Un chalet mobile rien qu'à nous, en somme. « La bagnole, la caravane… c'est LA LIBERTÉ ! », disait mon père. « Ah ! Celui qui a inventé la caravane… », disait ma mère.*
Au « camping Les Dunes, à deux pas de l'océan, tout l'confort », il y avait déjà beaucoup de monde mais on a trouvé une place, au fond. La parcelle était en pente et papa a bataillé avec les vérins, les cales et son niveau pour qu'on dorme à l'horizontale. Mais bon, c'était NOTRE chalet.
C'était loin du bloc sanitaire mais ça nous amusait ma sœur et moi de partir avec notre rouleau de papier hygiénique sous le bras et de retrouver les copains qui portaient le leur ! Il fallait prévoir un peu à l'avance… mais bon.
Papa a râlé parce que la caravane des voisins était à 61 centimètres de la nôtre (il a mesuré) et qu'on ne pouvait pas ouvrir la baie vitrée en entier. Mais bon, on était bien.
Maman disait que pour la vaisselle, 500 mètres à pied avec une bassine sous le bras, c'était pas commode. Mais bon, à la vaisselle, elle a sympathisé avec la voisine.
Et sinon, c'était à « deux pas de l'océan », mon œil ! Trois quarts d'heure de marche ! C'est vrai qu'avec le bateau pneumatique et la glacière, on avançait doucement dans le sable et les aiguilles de pin. Mais bon, on était libres…
C'est sûr, l'invention de la caravane a permis à tout le monde de partir en vacances… (mais bon !).

* Voir planche V.

Planche II

CHAiSE TRiCYCLE À 2 PLACES ENFANTS POUR BiCYCLETTE

Fig. 1 — Élévation latérale.

<A> Protection latérale des roues arrière (alliage carbone identique à celui de la structure).
<B> Roues arrière gonflables.
<C> Feux arrière de position et feux « stop » (certains modèles sont équipés de clignotants).
<D> Brancards.
<E> Roue avant gonflable.
<F> Sangle de sécurisation de l'attache (voir planche V, page 82).
<L> Fenestron latéral permettant aux enfants de se rincer l'œil.
<M> Feux de position avant.
<N> Fanion à l'emblème de la famille (ici des pêcheurs).
<O> Dispositif d'éclairage (abat-jour intégré) permettant aux enfants de réviser leurs leçons en allant le matin à la garderie quand il fait nuit dans le froid d'hiver.

Fig. 2 — Plan d'une chaise tricycle à deux places enfants pour bicyclette.

Fig. 3 — Siège avec dossier.

<G> Le siège.
<H> Le dossier à carcasse métallique capitonnée et recouverte de tissu fantaisie (plusieurs coloris disponibles), appui-tête intégré.
<I> Ceinture de sécurité norme CE.5 sup. (réf. rallye) obligatoire.
<J> Pieds rivetés 8 points.

Fig. 4 — Élévation en face de la chaise tricycle.

<K> Triple rideau : grille textile anti-insectes, toile textile anti-UV, bâche polymère transparente étanche (intempéries).

Fig. 5 — Idem, rideau baissé

LE CYCLiSME URBAiN, UNE RÉPONSE AU DÉFi DE L'ÉCOMOBiLiTÉ

En ville, pour des trajets de 0 à 5 kilomètres, le vélo est le moyen de transport le plus rapide ! Ce seul argument pourrait suffire mais il en existe d'autres : moins de pollution, réduction des embouteillages, bénéfice pour la santé, économies, stationnement facile, on peut même atteler une remorque (voir planche V, page 82)… On voit pourtant encore beaucoup de voitures dans nos rues parce qu'il est parfois difficile de trouver un itinéraire sécurisé, parce que la météo n'est pas toujours clémente, parce que les villes ne sont pas encore toutes équipées en pistes cyclables…
Malgré tout, les mairies se penchent actuellement sur la question des déplacements et la bicyclette est un des moyens de transport permettant de réduire le trafic et de diminuer la pollution. Il faut également que le réseau de transport en commun permette à ses usagers de se déplacer facilement…
Des défis à relever rapidement !

Planche III

CONSTRUCTiON AUTOMOBiLE

Depuis que l'homme existe, il se déplace. Même devenu sédentaire, il n'oublie pas son passé nomade et se dépêche d'inventer la roue (3 500 ans av. J.-C. en Mésopotamie). À peine 5 269 ans plus tard, c'est la voiture (1769, le fardier de Cugnot) et au siècle suivant, Peugeot sort sa première « voiture sans chevaux » (1891), environ 350 automobiles circulent en France (1895) et l'entreprise Renault est fondée (1899).

Mais il ne suffisait pas de fabriquer des voitures : il fallait des pneus (invention de l'écossais Dunlop, 1889) et des routes (revêtements goudron, bitume ou béton vers 1900), (voir article « ÉCHANGEUR ROUTiER », page 80 et planche IV, page 81). Alors chacun se met à rêver d'une voiture, symbole de liberté (voir article « CARAVANE »), de vitesse et pour satisfaire la demande, il faut inventer de nouvelles organisations du travail (travail à la chaîne dans les usines Ford en 1913). À partir de là, la construction automobile se développe pour donner naissance à des « fourmilières » comme celle de la planche III (pages 78 et 79).

Fig. 1 — Chaînes de montage.

Fig. 2 — Chaînes robotisées.

Fig. 3 — Bureaux d'études et de design auto.

Fig. 4 — Parkings géants (stocks).

Fig. 5 — Accès ferroviaire pour transporter les voitures.

Fig. 6 — L'industrie automobile est un foyer important de l'action syndicale sur lequel le patronat garde un œil Fig. 7 et ses ouvriers sont à l'origine de nombreux mouvements de revendications sociales.

On compte aujourd'hui 31,4 millions de voitures en France (il faudrait 50 000 terrains de foot pour toutes les garer !) et on a passé le cap du milliard de voitures circulant dans le monde en 2012 !

La voiture reste le moyen de transport favori des français (plus de 80 % des kilomètres effectués) mais les grandes agglomérations travaillent de plus en plus sérieusement à la recherche de solutions alternatives (voir article « CHAiSE TRiCYCLE… »).

CLOTILDE PERRIN

Planche I

Lumières

— CARAVANE —

CLOTILDE PERRIN

Planche II

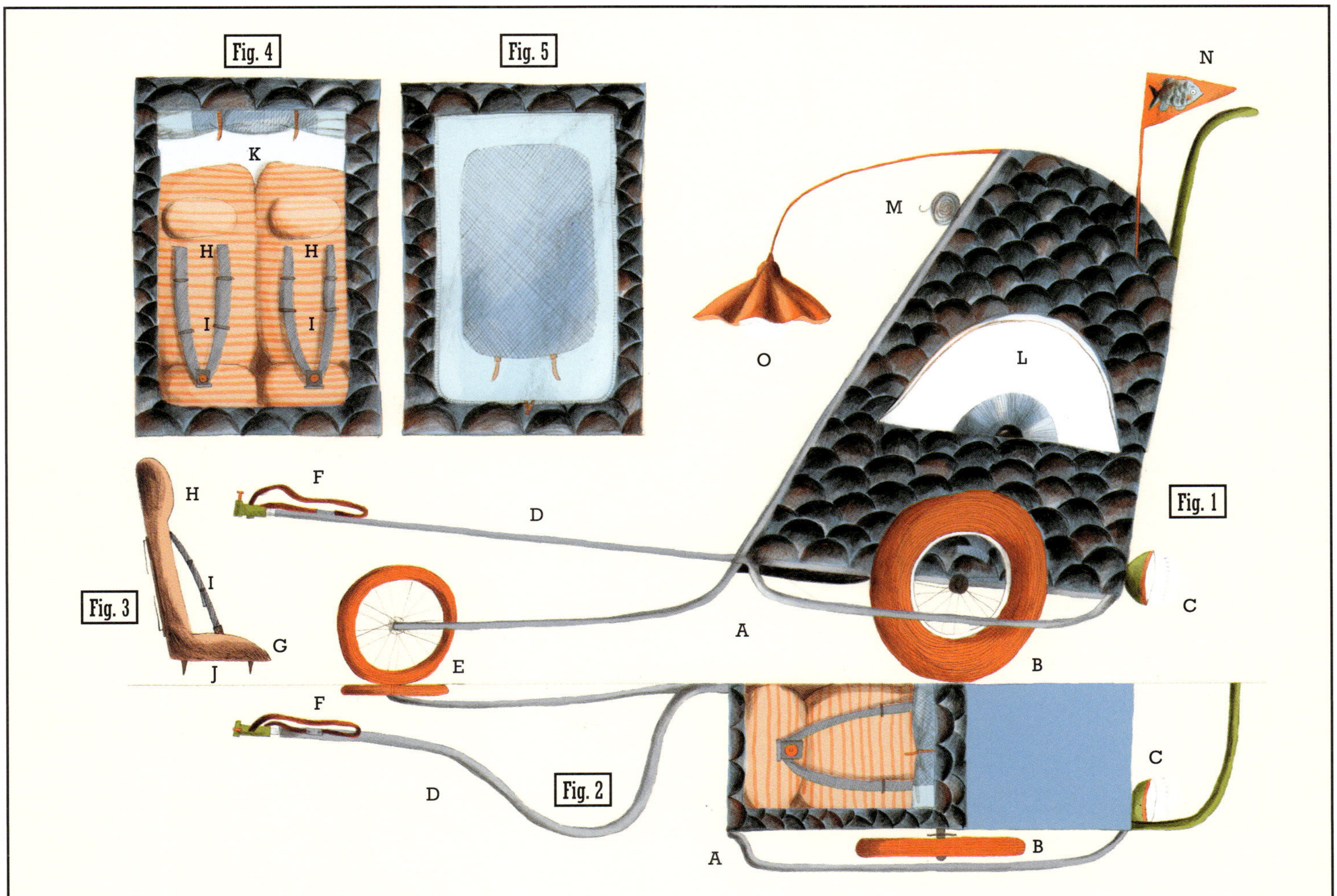

Lumières

— CHAiSE TRiCYCLE À 2 PLACES ENFANTS POUR BiCYCLETTE —

Fig. 2
Fig. 4
Fig. 1
Fig. 5

Fig. 7
CGT
NON
Fig. 3
Fig. 6

Planche IV

ÉCHANGEUR ROUTiER

Un échangeur est un système de bretelles routières permettant d'entrer sur une autoroute, une voie rapide ou d'en sortir. Cela favorise la fluidité du trafic (moins d'embouteillages, d'accrochages...) mais coûte très cher.

COÛT EN ESPACE

Un échangeur occupe beaucoup plus d'espace qu'un carrefour classique et prend donc la place de champs, de prés, de forêts...

COÛT ÉCOLOGiQUE

Un échangeur favorise la vitesse, augmentant la consommation de carburant et les émissions de gaz à effet de serre. Les bretelles emprisonnent de grands îlots de terrain sur lesquels vivent des animaux et des végétaux: le nombre d'animaux tués sur la route augmente et les écosystèmes sont fragmentés. Les échangeurs provoquent d'importantes nuisances sonores pour les habitants proches.

COÛT FiNANCiER

Il est difficile de donner un montant précis pour le coût d'un échangeur puisqu'il dépend du nombre de bretelles construites, de la taille... mais, en général, cela s'élève à une somme comprise entre 10 et 20 millions d'euros, « un œil! ».

Quant aux routes, il faut compter environ 6 millions d'euros pour construire 1 kilomètre de 2 x 2 voies. La France compte environ 11 000 km d'autoroutes, infime partie du million de kilomètres de routes du pays.

Notre société fait clairement le choix de l'automobile (voir article « CONSTRUCTiON AUTOMOBiLE », page 76), en consacrant par exemple 15 millions d'euros à la construction d'un échangeur, somme qui permettrait de payer une douzaine de professeurs pendant toute leur carrière! La place de la voiture soulève de nombreuses questions budgétaires (individuelles et collectives) ainsi que des problèmes urbains (embouteillages, pollution...).

Planche V

ATTACHES

Non seulement l'homme désire posséder un véhicule mais lorsqu'il en a un, que ce soit un vélo [Fig. 3], une moto [Fig. 2] ou une auto [Fig. 1], il cligne de l'œil vers les remorques! Les ingénieurs ont donc mis au point diverses attaches.

Se déplacer, transporter: l'essence de l'humanité?!

Planche VI

FUSÉE, LES HOMMES SUR LA LUNE

Quel humain n'a pas rêvé de marcher sur la Lune (voir article « ASTRONOMIE », page 50)? Au fil des siècles, les modèles de fusées imaginaires se sont succédés. Nous faisons de l'œil à la Lune depuis des millions d'années mais il n'y a que 43 ans que deux humains en ont foulé le sol!

Juillet 1969, la fusée Saturn V arrache ses 3 000 tonnes de la base de Cap Canaveral (États-Unis) avec trois hommes à son bord: Aldrin, Armstrong et Collins. Seuls les deux premiers marcheront sur la Lune, le troisième les attendant en orbite lunaire.

CE QU'iLS ONT DiT (TRANSCRiPTiON D'EXTRAiTS ENREGiSTRÉS)

« **ALDRiN**: OK prêt à descendre et à ramasser des roches de Lune?
ARMSTRONG: OK c'est très bien. Comment je m'en tire?
ALDRiN: Tu t'en tires très bien.

ARMSTRONG: C'est un petit pas pour l'homme; un bond de géant pour l'humanité.

...C'est peut-être même plus facile que les simulations... Il n'y a absolument pas de problème pour se déplacer.

ALDRiN: OK vas-tu prendre des échantillons... Là-bas, Neil?
ARMSTRONG: Oh oui!
ALDRiN: On dirait que c'est un peu difficile de creuser...
ARMSTRONG: Je vais essayer d'obtenir une roche ici. Juste quelques-unes.

ALDRiN: Cela me semble de toute beauté ici, Neil.
ARMSTRONG: ...Ça ressemble beaucoup au haut désert des États-Unis. C'est différent, mais c'est très joli ici.

ARMSTRONG: Est-ce que ma poche de jambe est ouverte, Buzz?
ALDRiN: Oui, elle l'est. C'est le... rabat qui n'est pas sur ta combinaison. Frappe-la une fois de plus. Plus vers l'intérieur. OK c'est bien. »

Armstrong et Aldrin déploient ensuite le drapeau des États-Unis.
Panne de transmission radio.

CE QU'iLS AURAiENT PU DiRE

« **ALDRiN**: T'as pas la trouille, toi?
ARMSTRONG: Ben... si! Ça fait quand même bizarre.
ALDRiN: Ouais... On voit que tu n'es pas très à l'aise.

ARMSTRONG: C'est un petit pas pour l'homme ; un bond de géant pour l'humanité.

ALDRiN: Fais gaffe de pas t'entraver!
ARMSTRONG: C'est vrai: on n'est pas à l'aise dans ces déguisements ridicules!

ALDRiN: Bon on ne touche à rien, on n'abîme rien, hein?
ARMSTRONG: Bien sûr! On n'est pas chez nous, là!

ALDRiN: C'est... différent de tout.
ARMSTRONG: Rien à dire: c'est incomparable!

ARMSTRONG: C'est bien d'être loin de tout. Personne ne nous voit !
ALDRiN: T'as raison ! Pas de souci si on est mal habillés !

ARMSTRONG: En plus ici, ça n'appartient à personne !
ALDRiN: Pas de frontières ! Pas de drapeaux ! C'est un rêve !

ARMSTRONG: C'est merveilleux ! Coupe la radio ! »

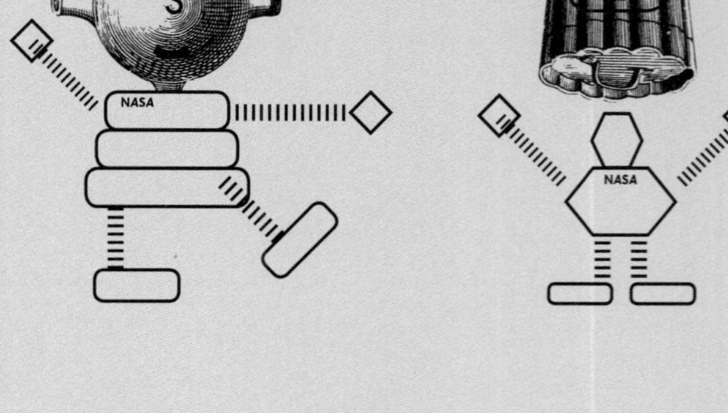

— ÉCHANGEUR ROUTiER —

Fig. 1

Fig. 2

Fig. 3

— ATTACHES —

— FUSÉE —

PLANCHES ORIGINALES

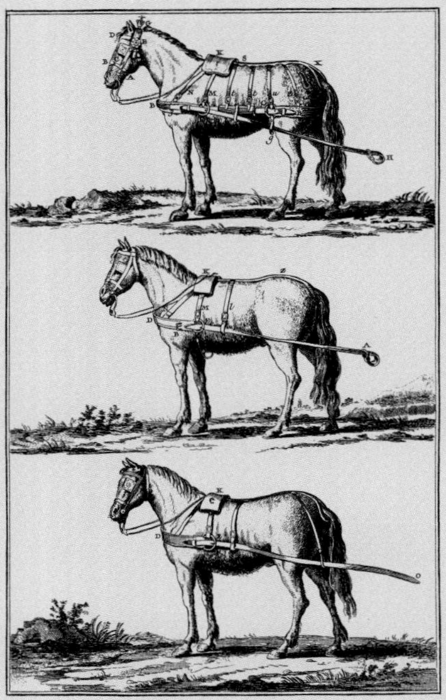

— BOURRELiER —

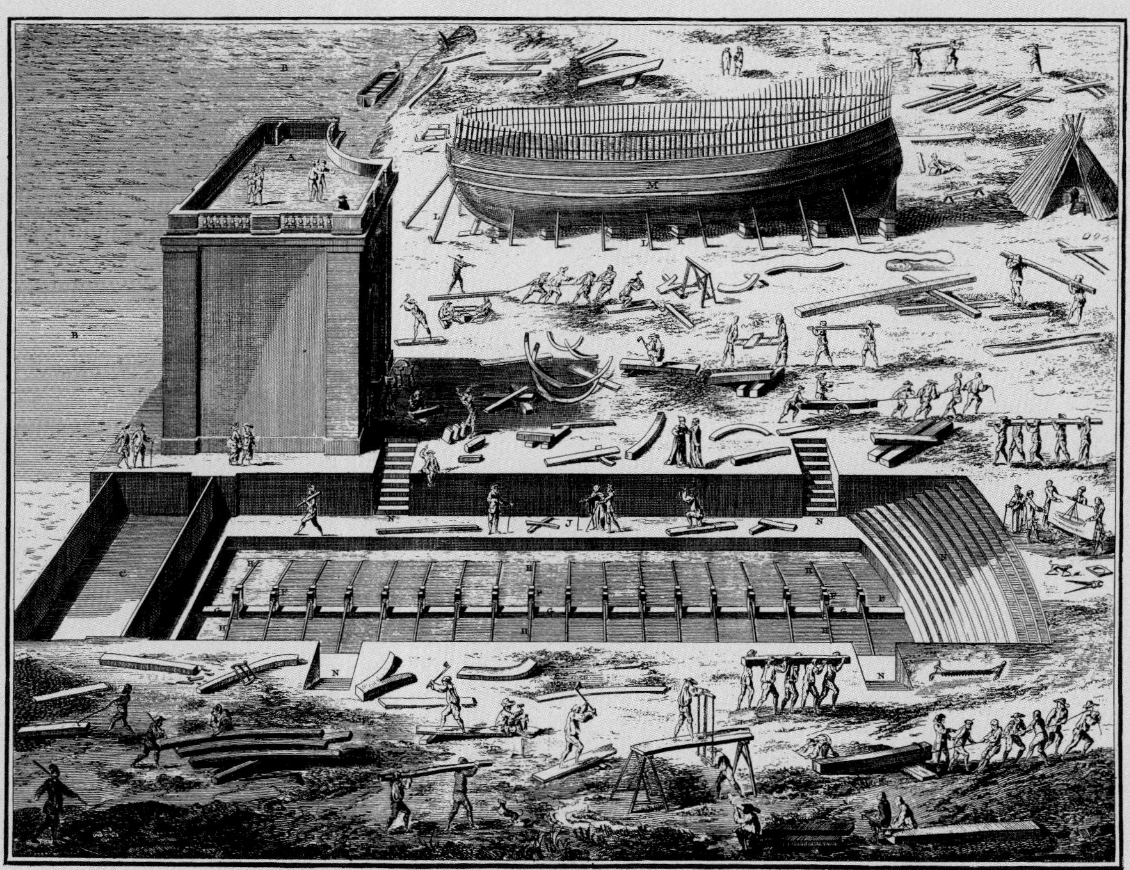

— MARiNE —
Chantier de construction.

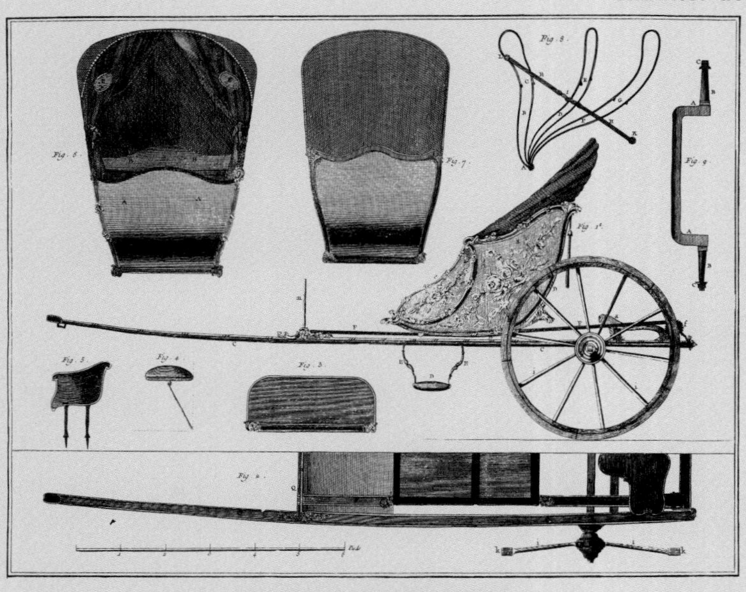

— SELLiER – CARROSSiER —
Chaise ou cabriolet.

— SELLiER – CARROSSiER —
Berline de campagne à 4 portières.

ÉCRiTURE & IMPRiMERiE

RASCAL

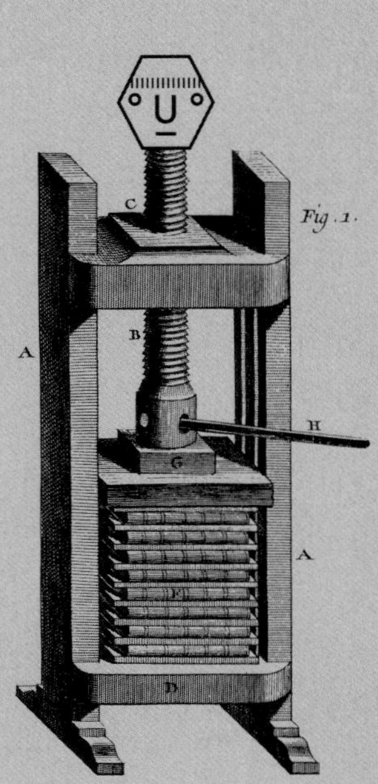

Planches I & II & III

LETTRES

C'est au siècle dernier. Un matin.

Charles Laurent, ébéniste de formation, reconverti dans la sculpture sur bois (voir article « SCULPTEUR-PLASTICIEN », page 66), entre dans son atelier. Il a du pain sur la planche ce jour-là : une commande des Imprimeries réunies pour des grosses lettres. Le plus souvent, les caractères mobiles d'imprimerie sont fondus avec un mélange de plomb et d'antimoine mis au point par Gutenberg au XVe siècle mais on lui préfère parfois le bois pour les très grosses lettres. L'artisan choisit un premier bloc de bois, poirier ou merisier, et sort ses ciseaux, ses gouges, ses échoppes, ses onglettes, ses burins et autres outils. Après avoir reporté sur le bois un « R » immense, à l'envers et au crayon, il évide, détoure, sculpte la lettre. Il en produira des dizaines ainsi avant d'effectuer sa livraison.

C'est au siècle dernier, encore, quelques jours plus tard. Un matin.

Auguste Marmier, ouvrier typographe aux Imprimeries réunies, compose les grands titres du quotidien du soir.

RÉVÉLATiONS SUR LE TUEUR DE LA RUE BLANCHE !

Il utilise des caractères en bois avec lesquels il reproduit le texte écrit sur une feuille. Un « R » énorme, en merisier, pour commencer, par la droite… La composition terminée, il la cale, la positionne sur la presse. Encrage, mise en place du papier, presse… c'est imprimé ! Un crieur de journaux distribuera bientôt les nouvelles fraîches.

C'est au siècle dernier, bien plus tard. Un matin toujours.

Rascal, écrivain, chine dans un marché aux puces. Il déniche un lot de caractères d'imprimerie en bois (poirier, merisier). Il y a notamment un « R » immense. Pas cher ! Une affaire ! Le bois, les lettres, l'imprimerie… C'est suffisant pour faire battre son cœur : il achète… et range dans son atelier. N'est-il pas un homme de lettres, après tout ?

C'est au siècle présent. Un matin.

Rascal retrouve ces lettres achetées une dizaine d'années auparavant. Il les dispose sur un établi et compose ainsi un tableau qu'il photographie. Un sourire s'affiche sur son visage : ces lettres, éléments de textes, qui, sous ses doigts, son œil, se font image… (voir planche II). Il écrit moins désormais, et dessine plus, aspiré qu'il est par la magie de l'image, anagramme qu'il affectionne.

C'est l'année dernière. Un matin.

Félix, artiste urbain, graffe avec ses copains sur les murs de la ville (voir planche I et article « GRAFF, GRAFFITI, TAG »). « Lascaux n'est pas si loin ! », leur lance gentiment Rascal en passant devant eux !

C'est la semaine dernière. Un matin.

Rascal confie la photographie de ses lettres en bois à Félix qui sur sa table à dessin la revisite avec sa technique et sa sensibilité. Les lettres avaient amorcé leur métamorphose avec Rascal. Elles deviennent images, totalement, sous la plume de Félix (voir planche III).

Des lettres objets, des caractères de bois, des artisans, un marchand des puces, un écrivain faiseur d'images, un appareil photo (voir article « OPTIQUE », page 46), un graffeur… Littérature, sculpture, imprimerie, photographie, arts graphiques… Charles Laurent, Auguste Marmier, Rascal, Félix nous racontent encore cette histoire où chaque pas se pose dans d'autres traces, un peu sur le côté tout de même, parallèle et divergent à la fois, mariant textes et images, art et artisanat (voir « BEAUX-ARTS », page 65 et « ARTISANAT », page 115), maîtrise technique et génie créatif pour converger vers l'insaisissable…

Planches I & III

GRAFF, GRAFFiTi, TAG

VOCABULAiRE

Un graff (ou graffiti) est une œuvre graphique le plus souvent réalisée à la bombe (voir planche I).
Il en existe de nombreux styles différents.
Un tag est un texte, le plus souvent une signature.
Mais certains tags sont tellement stylisés qu'ils deviendraient presque des graffitis !
Le graffiti est illégal (le propriétaire du support ne donne pas son accord), contrairement à la fresque qui est une commande.
Mayas, Romains ou Vikings faisaient déjà des graffitis !

ÉTYMOLOGiE

« Graffiti » entre dans la langue française en 1856. Il vient de l'italien « graffito » (pluriel « graffiti ») qui désigne un stylet, ou style (instrument pour écrire). Graffito vient lui-même du grec ancien « *graphein* » (γραφείν) qui signifie écrire, dessiner, peindre.
Un seul mot pour écrire, dessiner ou peindre… Dans notre culture, l'écriture s'oppose à l'image (voir article « LA MACHiNE À ÉCRiRE » ci-dessous) mais les graffitis et les tags nous prouvent le contraire et de nombreux artistes (graffeurs et bien d'autres) font des propositions dans lesquelles textes et images se rencontrent, s'entrelacent pour donner naissance à une œuvre.

Planche IV

LA MACHiNE À ÉCRiRE

1714 : première machine à écrire (Henry Mill)
2011 : fermeture de la dernière fabrique de machines à écrire (Godrej & Boyce – Inde)
En moins de trois cents ans, une révolution technologique est passée au rayon des antiquités, supplantée par la mise au point du traitement de texte (IBM, 1964)

Le principe est simple : un caractère en relief relié à une touche du clavier frappe un ruban imprégné d'encre derrière lequel est placée une feuille de papier. La trace de la lettre reste donc sur la feuille.
La dactylographie (expertise de la frappe à la machine avec dix doigts) nécessite un apprentissage précis. Chaque doigt est affecté à un groupe de caractères Fig. 1, ce qui permet de taper sans regarder le clavier.

« Je t'aime » et « Je te hais » se couchent sur le papier de la même manière… Dans notre culture, on ne regarde pas un texte comme une image. Pourtant, dans l'Egypte ancienne (hiéroglyphe) ou encore aujourd'hui au Japon (kanji et kana) ou en Chine (idéogramme), le texte transmet un discours mais se présente aussi comme une image. Les textes du Moyen Âge, copiés à la main, intégraient cet aspect (enluminures, lettres ornées, pieds de mouches…) mais l'imprimerie a obligé les écrivains à s'en tenir aux caractères simples : la technique a imposé des contraintes aux créateurs.
La machine à écrire a pourtant fait le bonheur des écrivains qui ont pu « taper » leurs textes plutôt que de se perdre dans des manuscrits annotés. Mais un auteur imagine des histoires et des images lui viennent à l'esprit. Alors impossible d'écrire sans images ?

À l'instar de Mallarmé avec son « *Un coup de dés jamais n'abolira le hasard* » (1897) ou de Rabelais et Apollinaire avec leurs calligrammes, les écrivains se montrent désireux de (re)conquérir « l'image du texte » et l'utilisation des ordinateurs dans l'édition ainsi que les progrès techniques de l'imprimerie leur laissent désormais plus de liberté. Mais les retrouvailles entre texte et image n'en sont, parions-le, qu'à leurs premiers pas.

Lumières

— TAG —

Lumières

— GRAFF, GRAFFiTi —

Planche V

ÉMOTiCÔNES

Texto ou SMS (instantané, quelques centimes, agrémenté d'émoticônes)

koi :-o
y a fote ? :-s
alor je me t :-x
sry pr ir gt mdr :-D
C xlt klk1 kom twa é je c ke tu m sry ;-)
100 twa g 1 pblm :-(
T kom 1 frR pr mwa j'tdr lol *-*
Xlt we a twa
é a Kti lol <3 <3 <3
G.

Courrier postal (un à deux jours, 60 centimes, illustré au crayon, au feutre, en collages…)

Salut Louis,

J'ai bien reçu ta lettre et tes mots m'ont vraiment surpris : je ne pensais pas te blesser en riant autant. Peut-être ferais-je mieux de me taire mais je ne peux m'empêcher de te dire, de t'expliquer qu'il n'y avait aucune moquerie dans mon attitude. Heureusement que tu es cool et que tu sais pardonner. C'est chouette d'avoir un pote comme toi et je crois bien que j'aurais moins de plaisir à aller au collège ou au ciné si tu n'existais pas ! Avec toi je me sens un peu comme avec un frère (que je n'ai pas !). Alors me moquer de toi ? Moi ? T'y crois pas, j'espère !

Passe un beau week-end (tu me diras si tu as vu Cathy… Eh eh ! coquin, va !).

Ciao.

Gabriel, ton ami.

Planche VI

QR CODE

QR code : *quick response code*. Mis au point en 1994, les QR codes, qui rappellent les images pixellisées [Fig. 3], sont désormais omniprésents dans notre paysage. Avec un téléphone portable, on vise un code formé de carrés noirs ou blancs [Fig. 1] L'application de lecture déclenche aussitôt la connexion à un site internet, un paiement, un ajout de contact, un appel, la localisation d'un point sur une carte, l'affichage d'un texte…
Les QR codes peuvent stocker 7 089 caractères (pour les plus gros : 177 x 177) alors que les codes-barres [Fig. 2] n'en donnent que 13 !

« *À l'arrêt de bus, Zoé sortit son smartphone et flasha le QR code des horaires. Le résultat s'afficha : son bus arrivait dans 4 minutes, le temps de flasher le QR code de l'exposition du musée d'art contemporain. Une mine d'informations sur le site : biographie, place de l'artiste dans son mouvement artistique* (voir « BEAUX-ARTS », page 65), *photos d'œuvres, horaires, tarifs… le bus arriva.*
Zoé monta, flasha le QR code du bus. Pratique : sa carte était débitée directement et elle pouvait à volonté consulter l'historique de ses déplacements. Elle s'assit et vit une publicité pour des vêtements (voir article « VÊTEMENTS », page 106), *avec QR code. Flash ! Le catalogue s'afficha sur son écran et les coordonnées du magasin du quartier vinrent s'ajouter à sa liste de contacts grâce au lien GPS. Puis elle flasha la pub du dernier livre de Pascal N. Elle put ainsi en lire les premières pages et se promit de l'acheter. Le bus s'immobilisa soudain : embouteillage. Zoé sortit la carte de son avocat, flasha le QR code et fut mise automatiquement en relation téléphonique avec la secrétaire pour annoncer son retard. Le rendez-vous était important : elle intentait un procès à son opérateur de téléphonie suite à des problèmes dans la lecture d'un QR code représentant une tête de tigre* [*Fig. 3*]. »

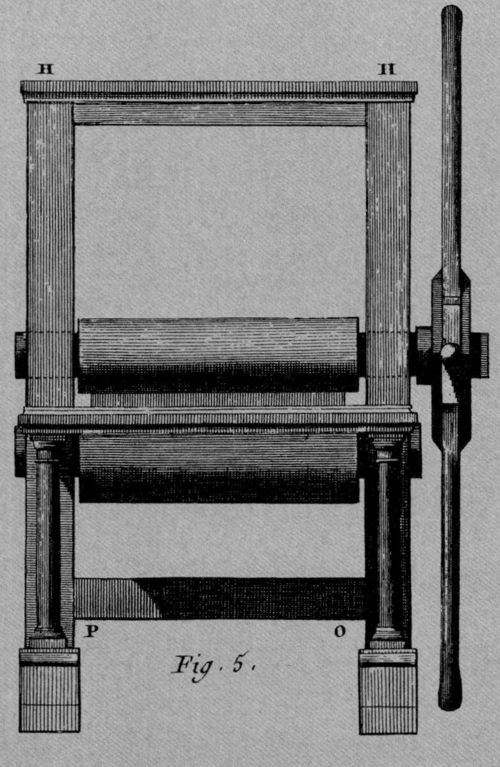

Fig. 5.

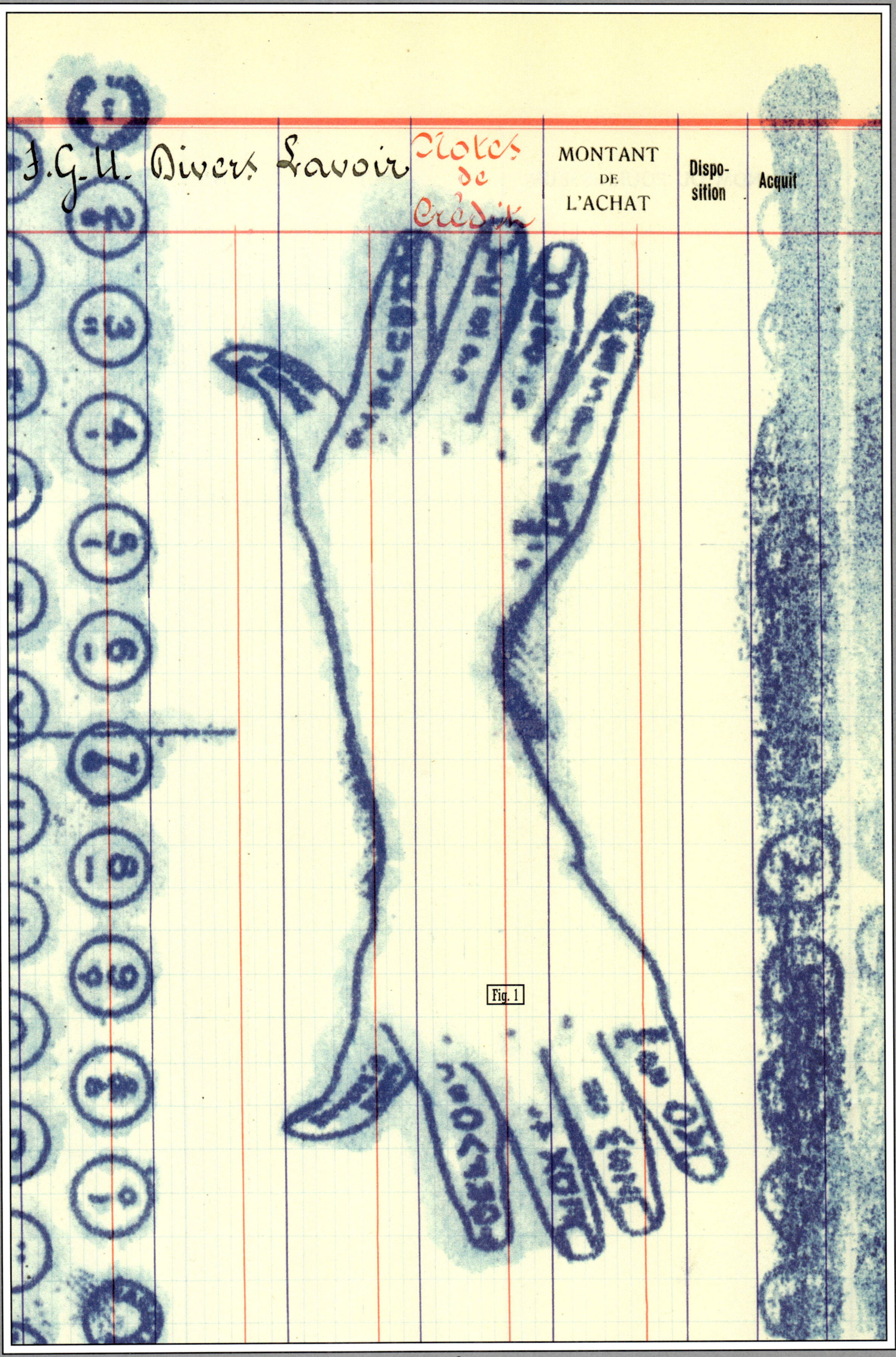

Fig. 1

— MACHINE À ECRIRE —

Echelle : 1/2
orme : la bavette est dans sa forme gén
Elle est formée d'une seule pièce et
-triques.
atériaux employés : l'étoffe employée p
bavette peut être très différente. Par
on la fait en piqué ou croisé mo

Fig. 2

Fig. 3

Fig. 1

— QR CODE —

PLANCHES ORIGINALES

— IMPRIMERIE EN LETTRES —

L'opération de la casse.

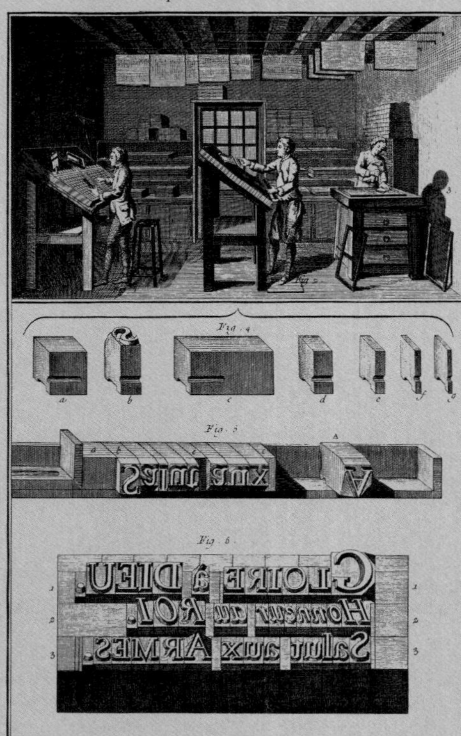

— IMPRIMERIE —

Casse.

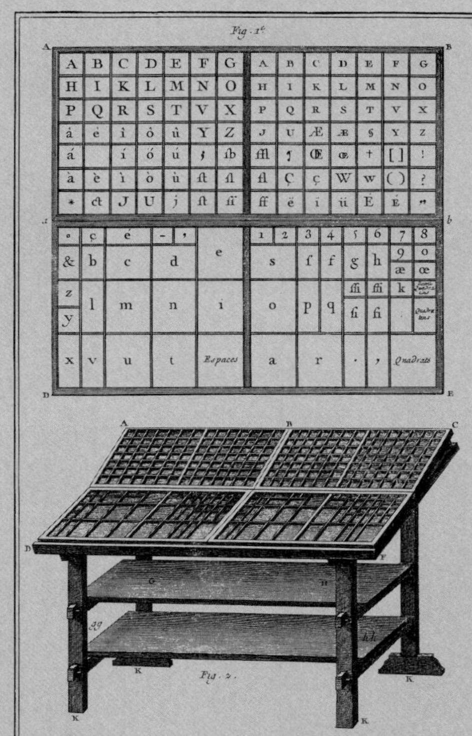

— ART D'ÉCRIRE

ART D'ÉCRIRE —

ARMES & SOLDATS

VINCENT PIANINA

Planche I

MiSSiLES

COURSE AUX ARMEMENTS

Un missile est un projectile équipé :
— d'un ou plusieurs moteurs qui le propulsent dans l'air ;
— d'un système de guidage ;
— d'une charge (pas forcément explosive).
La planche I présente une grande variété de missiles :
— 3 blagues volantes inoffensives [Fig. 1 à 3] ;
— 4 modèles de fusées utilisées par les artificiers du XVIIIe siècle [Fig. 4 à 7] ;
— les autres sont des armes actuelles.
On dirait qu'ils font la course…
Serait-ce cela, la course aux armements ? Pas exactement !

Imaginons que je me dispute avec mon voisin. Un matin, il vient me menacer avec un gourdin. Je cours m'acheter un arc, au cas où. Me voyant m'entraîner avec mon arme dans mon jardin, il fabrique une catapulte. Pour répondre à une éventuelle agression de sa part, j'invente la poudre, etc. Nous nous livrons à une « course aux armements ». Les États font parfois la même chose pour asseoir leur puissance stratégique et géopolitique et se faire respecter sur la scène internationale, mais quand il s'agit de chars, d'avions de guerre, de missiles… cela coûte très cher : on estime à 1 230 milliards d'euros l'ensemble des dépenses militaires mondiales pour 2010 (soit 179 €/humain). La France a quant à elle dépensé 45 milliards d'euros la même année (soit 688 €/habitant) !
En comparaison, la FAO (ONU pour l'alimentation et l'agriculture) dit pouvoir mettre fin durablement à la malnutrition dans le monde pour 22,2 milliards d'euros par an. Et si la France réduisait de moitié ses dépenses militaires, elle pourrait combler le déficit du régime général de la sécurité sociale, le trou de la sécu (23,9 milliards d'euros en 2010) !

Planche II

EXERCiCES MiLiTAiRES

Une armée, pour être efficace, opérationnelle, doit agir comme un seul homme, au commandement d'un chef, sans se poser de questions sur l'ordre donné.

LE CAPiTAiNE
— CHAAAAR-GEEEEZ !

LE SERGENT CHEF
— Euh… Attendez, mon Capitaine, on va en discuter entre nous. Je crois que certains de mes hommes ne sont pas d'accord pour charger.

LE CAPiTAiNE
— Mais comment ça ? C'est le moment ou jamais : les tirs de notre artillerie ont affaibli les lignes ennemies. Nous devons en prendre possession.

LE SERGENT CHEF
— Ça, c'est votre avis ! Mais c'est dangereux ! Franchement, pour 100 mètres de frontière…

LE CAPiTAiNE
— Mais le Général sera furax !

LE SERGENT CHEF
— C'est son problème ! Nous, il nous faut le temps d'en débattre et de procéder à un vote. Si la majorité l'emporte, alors nous chargerons. On ne prend pas de telles décisions à la légère.

LE CAPiTAiNE
— Mais…

LE SERGENT CHEF
— Il n'y a pas de « mais », mon Capitaine. Vous n'allez pas risquer la vie de braves pères de famille sans leur demander leur avis tout de même.

On le voit bien : ça ne fonctionne pas ! Or si un État se dote d'une armée, c'est pour qu'elle fonctionne. Pour cette raison, les militaires n'ont pas le droit de :
— refuser ou discuter les ordres,
— créer des syndicats (voir article « GANTIER », page 106),
— faire grève,
— adhérer à un parti politique…

Afin d'habituer les soldats à obéir aux ordres de manière réflexe, on leur fait effectuer de très fréquents exercices : marche au pas, maniement d'armes… au cours desquels ils doivent exécuter des ordres simples, très codifiés, de manière parfaitement synchronisée.

Planche III

ÉCUSSONS

LA GUERRE JOUE AVEC LES MOTS…

Pendant la Seconde Guerre mondiale, le service de renseignements britannique (SOE) (voir article « INFILTRATION-CAMOUFLAGE », page 100) a mis au point un système de messages personnels diffusés sur Radio Londres dont les Français pouvaient écouter les émissions (quand elles n'étaient pas brouillées par les autorités de l'Occupation). Ces messages étaient codés et servaient à communiquer aux hommes de la Résistance des informations sur des opérations (parachutages d'armes, attaques de commandos, sabotages…).

Toutes les armées donnent des noms à leurs opérations, qu'elles enrichissent de slogans destinés à montrer leur détermination et leur puissance. Elles en font des écussons qui sont cousus sur les uniformes de leurs soldats.

La planche III propose des pastiches d'écussons de l'armée américaine (les modèles sont visibles sur www.lumieres-encyclopedie.fr) ainsi que des écussons inventés.

Entre phrases codées pour résister à l'occupant pendant la Seconde Guerre mondiale, slogans de l'armée américaine, création et parodie, le tout un peu mélangé, on ne s'y retrouve plus. La guerre n'est pourtant pas une poésie.

Ne posez pas de questions à la baleine tueuse, les corbeaux couverts enfoncent le clou.
L'éléphant s'est cassé une défense : l'infirme veut courir.
Mission extra secrète : toujours dans l'obscurité, la nuit est à nous et l'oiseau de proie passera à travers.
Il fait chaud à Suez et l'angora a les poils longs.
On n'est pas des rigolos : on fait des menaces, pas des promesses.
Icare a du poil sous les bras mais le soleil s'est refroidi.
Le plus vieux cochon du monde est têtu ? Nous aussi ! Ça va fouetter !
Andromaque se parfume à la lavande. Écoute mon cœur qui pleure.
Pilotes fantômes, vous êtes comme des mouches autour du champignon vénéneux.
Les girafes ne portent pas de faux-col.
Projet fermeture Éclair : l'oiseau de fer porte un chapeau rouge et déclenchera une tornade électrique.
Le cheval bleu se promène sur l'horizon. Le cocker est bon chasseur.
La mort portera des pantoufles lapins : faisons plus avec moins.
Sans oublier le célèbre :
Les sanglots longs des violons de l'automne blessent mon cœur d'une langueur monotone

9

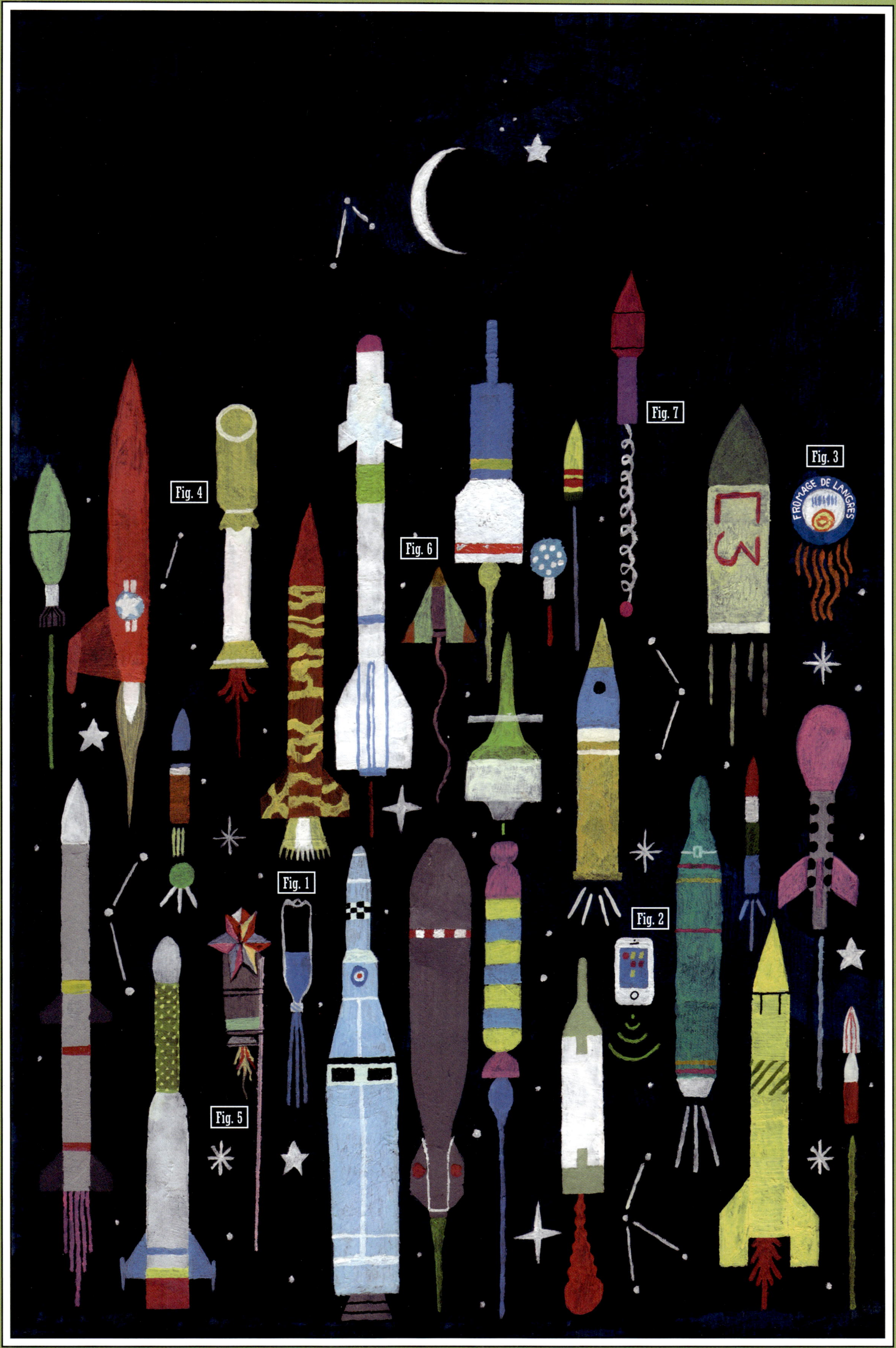

— MiSSiLES —

— EXERCICES MILITAIRES —

VOIS D'ESSAI INVISIBLES
N°1
ON PASSE À TRAVERS!
LES COCHONS
21
NUMÉROTÉS
TORNADE
ÉLECTRIQUE
LES GANTS DE BOXE ATOMIQUES
CORBEAUX
COUVERTS
LES CHAPEAUX ROUGES
C'EST LES PLUS GRANDS
TRIANGULAIRE
VOUS ÊTES TÊTUS
?
NOUS
AUSSI
PILOTES
FANTÔMES
M·M·M
LA MOUSTACHE DE MONSIEUR LE MAIRE
LA NUIT EST À NOUS
FERMETURE ÉCLAIR
COINCÉE
UN CHIEN
UN SERPENT
TOUT CE DONT J'AI BESOIN!
MIAAOUUUU!
ON N'EST PAS DES RIGOLOS
L'ACROBATE
D'ORVAL
NE POSEZ PAS DE
?
QUESTIONS!
VOUS ÊTES COMME DES MOUCHES
GLOUP!
TOC TOC
ON ENFONCE LE CLOU!
ÇA VA FOUETTER
FROMAGE DE LANGRES
APPELLATION D'ORIGINE PROTÉGÉE
OISEAU DE FER
ORQUE MONDIALE
CHAMPIGNON
VÉNÉNEUX
MISSION EXTRA SECRÈTE

— ÉCUSSONS —

Planche IV

ARMEMENT

Fig. 1 — Mirage

Fig. 2 — Hélicoptère Puma

Fig. 3 — Char Panzer

Fig. 4 — Fusil M4A1

Fig. 5 — Fusil M16

Fig. 6 — Couteau de combat

Fig. 7 — Grenade

Fig. 8 — Fusil d'assaut

Fig. 9 — Fusil lunette infrarouge

Fig. 10 — Lance roquette

Fig. 11 — Pistolet Luger P08

Fig. 12 — Lance roquette RPG7

Fig. 13 — Pistolet P1111

Fig. 14 — Beretta px4 storm

Fig. 15 — FAMAS G2

Fig. 16 — Fumigène

Fig. 17 — Mitrailleuse C6

Fig. 18 — Pistolet Crossman C11

Fig. 19 — Mine

C'EST LE SILENCE QUI EST LE PLUS TERRIBLE

Explosions, moteurs de chars qui rugissent, hélicoptères qui battent l'air en cadence, tonnerre des avions, cris des hommes, cris de guerre, de courage, de peur, de douleur…
Tant que la guerre fait du bruit, le soldat est dans l'action et certains disent qu'il n'y a plus de peur, plus d'amour, plus de sens… plus rien, juste l'adrénaline qui vous électrise la moelle.

Mais le silence ?
Celui de la solitude parce qu'on a perdu sa section.
Celui qui précède l'embuscade, se faisant tension, stress, peur.
Celui de la nuit, pendant les insomnies, en attendant une aube dont on ne sait même pas si on la verra.
Celui du copain, tombé à côté de nous, et qui restera silencieux pour toujours.

Et le pire de tous, le silence du fusil qui tue :

Une balle sort d'un fusil de guerre (FAMAS, fusil français, Fig. 15) à environ 960 m/s (3 456 km/h).
Le son se propage à une vitesse de 340 m/s (1 224 km/h).
La balle pénètre donc dans le corps du soldat visé avant que ce dernier entende le coup de fusil. Peut-être meurt-il sans même savoir que quelqu'un a tiré…

… Relire « Le dormeur du val », poème d'Arthur Rimbaud, 1870 :
« C'est un trou de verdure où chante une rivière […] »

Planche V

INFILTRATION, CAMOUFLAGE

Si la guerre déclenche le vacarme des chars, des avions ou des missiles, elle est aussi parfois affaire de discrétion.

Les services de « renseignement militaire » tentent de recueillir et d'analyser des informations sur l'activité, le niveau de technologie, la stratégie, les armes… du camp ennemi. En temps de paix, ces services surveillent également les armées des pays avec lesquels existent des risques de conflit. Sur le terrain, les agents secrets qui se livrent à la collecte de ces renseignements sont parfois amenés à se grimer pour ne pas être identifiés Fig. 1. La surveillance par satellite, l'infiltration des systèmes informatiques et de communication ou la photographie aérienne par des drones (avions sans pilote) sont de plus en plus mises en œuvre.

Le camouflage Fig. 2 est utilisé pour échapper à la vue de l'ennemi. Il consiste à orner les uniformes ou les véhicules militaires de motifs se fondant dans l'environnement des combats.

Le camouflage « Dazzle » Fig. 3, de l'anglais « éblouir, embrouiller », a été mis au point pendant la Première Guerre mondiale. Son objectif n'était pas de cacher le bateau à la vue de l'ennemi mais de rendre difficile la visée par télémètre qui s'appuyait sur les lignes verticales des bateaux pris pour cibles par les sous-marins allemands. Ce procédé est devenu inutile avec l'invention du radar.

Planche VI

NOUS NE SOMMES PAS DES SUPER HÉROS

Mes chers parents,

Deux mois que j'ai quitté la maison et j'ai une certitude : nous ne sommes pas des super héros. On nous dit soldats de la paix mais ici, la guerre se porte bien et la paix nous échappe. Les mines me terrifient particulièrement. Il y en a partout et on ne sait jamais si le pas qu'on fait ne sera pas le dernier. Heureusement, les démineurs font du bon boulot.

Je repense parfois à l'armoire de ma chambre, celle aux déguisements, qui a sans doute un peu contribué à me faire choisir le métier des armes, soucieux que j'étais de rendre la justice, comme les héros de mon enfance. Me reviennent aussi mes jeux vidéo dans lesquels j'étais si brave. Ce n'est pas tout à fait pareil quand on a face à soi des vrais types, avec des vrais fusils chargés de vraies balles. La guerre n'est pas un jeu !

Hier, on nous a tiré dessus. Je tremblais comme une feuille et embusqué derrière des rochers, je repensais à mon vieil ami Batman ! Je suis sûr qu'il aurait eu aussi peur que moi et qu'il serait bien démuni ici ! Rassurez-vous, je n'ai pas été blessé.

Ne vous inquiétez pas trop pour moi, on n'est pas non plus les plus malheureux : j'ai appris ici que l'homme inventait des choses terribles, parfois plus redoutables que la guerre elle-même, pour faire souffrir ses semblables. Je pense souvent à vous et à Hélène…

Votre fils Simon, un héros pas super.

Fig. 1
Fig. 2
Fig. 3
Fig. 4
Fig. 5
Fig. 6
Fig. 7
Fig. 8
Fig. 9
Fig. 10
Fig. 11
Fig. 12
Fig. 13
Fig. 14
Fig. 15
Fig. 16
Fig. 17
Fig. 18
Fig. 19
CHEWING gum

— ARMEMENT —

Fig. 1

Fig. 2

EN FORÊT

DANS LE DÉSERT

DANS LA NEiGE

CONTRE UN MUR

DEVANT LA TV

DEVANT UN TAS DE HAMBURGERS

Fig. 3

— INFiLTRATiON, CAMOUFLAGE —

— SUPER HÉROS —

PLANCHES ORIGINALES

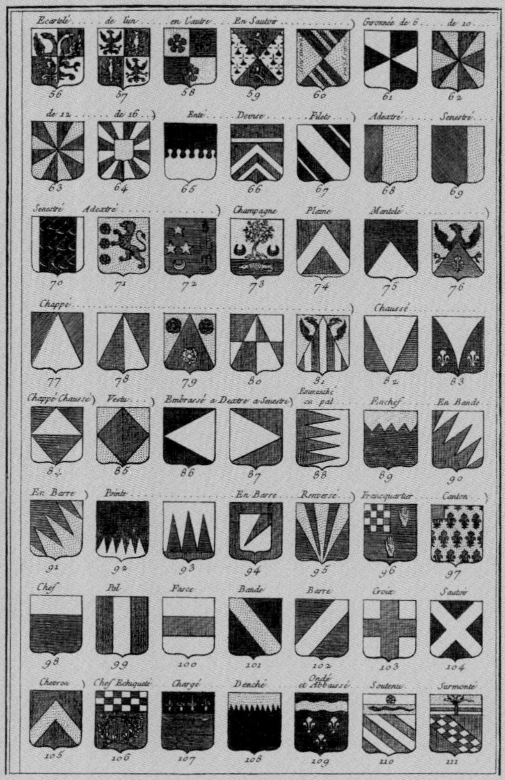

— ART HÉRALDIQUE—

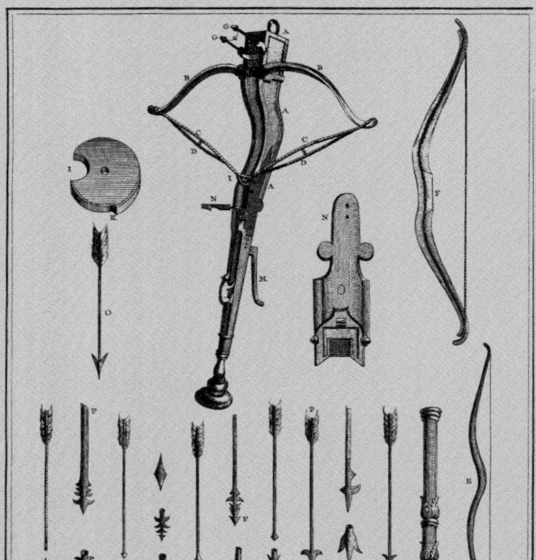

— ART MILITAIRE —

Armes et machines de guerre.

— ART MILITAIRE, *Exercice.* —

— ART MILITAIRE, *Exercice.* —

Fig. 34.

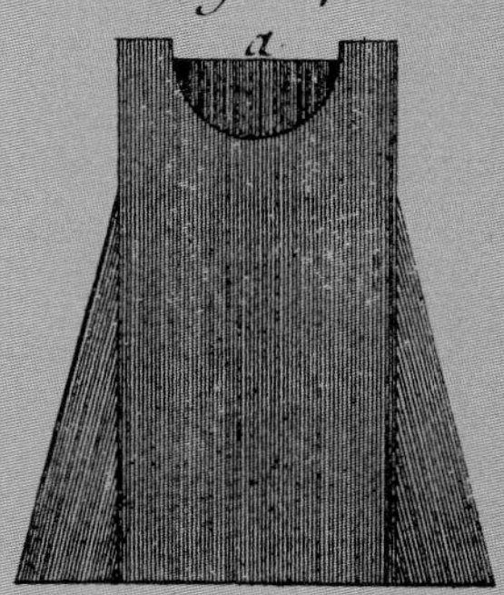

MODE

ALBERTINE

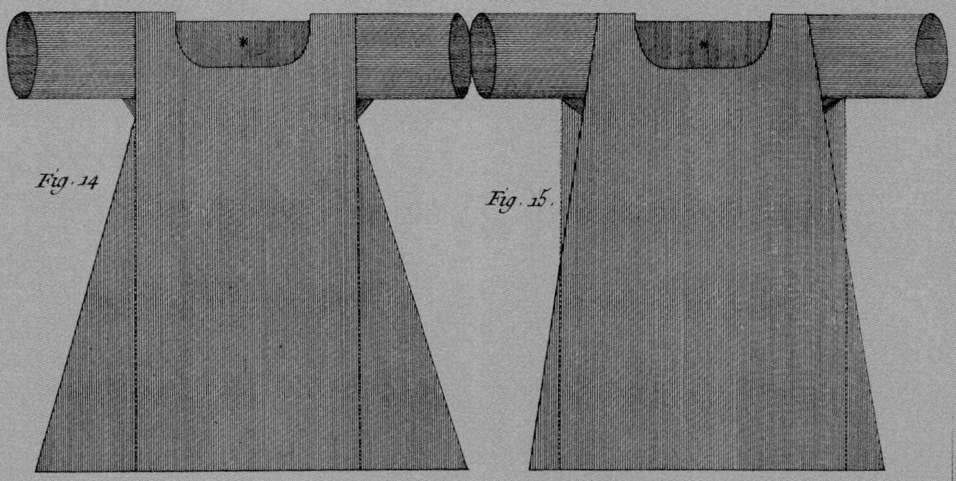

Fig. 14

Fig. 15.

Planche I

VÊTEMENTS

« [...] si nous pouvions pénétrer dans les temps reculés des premiers siècles ; nous y verrions sans doute les hommes tout nus, ou couverts [...] de feuillages, d'écorce [ou] de la peau de [...] bêtes féroces ».

Ainsi Diderot introduit-il l'article « Habit » de l'*Encyclopédie*, en 1765. Il évoque ensuite le « tailleur d'habits » qui appartenait à la communauté des maîtres-marchands tailleurs-pourpointiers dont les règles défendaient « *à tous marchands fripiers, drapiers* [...] *qui ne seront point reçus tailleurs, de faire ni vendre aucuns habits d'étoffe neuve* [...] » (« Tailleur d'habits », Vol. 15) et exigeait un apprentissage de trois ans pour qui souhaitait s'établir, fabriquer et faire commerce de « *tout ce qui sert à couvrir le corps, à l'orner, ou le défendre des injures de l'air.* » (« Vêtements », Vol. 17).

Le choix était assez limité. On le constate sur la planche de l'*Encyclopédie* « Tailleur d'habits – habillements actuels » (page 114) sur laquelle sont réunis les principaux vêtements de l'époque : habit, veste, culottes, redingote, manteau d'abbé, soutane, robe de chambre, robe de palais, gilet et fraque. À cette époque, l'habillement était fortement déterminé par l'appartenance à une classe sociale ou à une communauté professionnelle.

Jusqu'au début du XXe siècle, les vêtements que l'on porte sont fabriqués par des couturières ou « faits maison ». Puis arrive la guerre de 1914-1918. L'armée américaine (voir article « ÉCUSSON », page 96), contrainte d'habiller rapidement ses soldats, décide d'uniformiser les tailles et d'économiser le temps passé à prendre les mesures de chaque soldat. C'est le début de la « confection », qui s'oppose à la « haute couture ». Mais jusqu'à 1945, un quart seulement des vêtements en est issu. À partir de là, des industriels s'inspirent de ce qui aux États-Unis s'appelle le *Ready to wear* et créent le prêt-à-porter. C'est un succès : les économies dues à la production en série autorisent progressivement une grande variété de choix et la disparition de codes sociaux laisse désormais chacun libre de s'habiller comme il l'entend.
Les prix ont encore beaucoup baissé ces dernières années (4,7 % du budget des familles consacrés aux vêtements en 2006, contre 11,8 % en 1960 !) suite à la délocalisation d'usines européennes à l'étranger, dans des pays où les ouvriers de l'industrie textile sont beaucoup moins payés. Le plus gros fournisseur de vêtements vendus en France est la Chine.
Pas de doute, les règles à respecter pour vendre des vêtements se sont bien assouplies depuis le XVIIIe siècle !

Planche II

GANTiER

Fig. 1 — Étavillon (morceau de peau découpée) pour gant homme :

<A> Index
<BB> Majeur
<CC> Annulaire
<DD> Auriculaire
<E> Enlevure (trou pour le pouce)

Fig. 2 — Pouce

Fig. 3 — Chute de l'enlevure utilisée pour d'autres pièces

Fig. 4 — Pièces de doublure du haut du gant.

Fig. 5 — Atelier du gantier

La ganterie a employé des dizaines de milliers d'ouvriers en France pendant longtemps (Millau, Grenoble...) qui ont été les pionniers des luttes sociales.
À Grenoble, ils créent la première mutuelle de France (1803) pour aider malades et chômeurs de la profession (la Sécurité sociale n'existait pas).
À Millau, ils fondent un des premiers syndicats (1881), avant même la loi les y autorisant (Waldeck-Rousseau, 1884), exigent un salaire minimum dès 1909, créent des allocations familiales en 1922, obtiennent en 1923 douze jours de congés annuels payés qui s'étendront à tout le personnel de la branche d'activité en 1925 et inspireront les quinze jours de congés annuels pour tous les salariés (1936) (voir article « CARAVANE », page 76), prouvant à tous que les ouvriers peuvent, s'ils sont solidaires, voir aboutir leurs revendications.
Ce dynamisme n'a pourtant pas empêché la fermeture progressive des entreprises de ganterie qui ne pouvaient lutter face aux fabricants de pays émergeants (où les syndicats n'existent pas), qui profitent de coûts de production très inférieurs pour conquérir les marchés européens.
En France, on ne fabrique guère plus que des gants de luxe atteignant facilement 400 euros la paire.

Planche III

BOUTONS

JOUER AVEC DES BOUTONS...

– LE JEU DE LA PUCE

Faire sauter un bouton en avant en pressant son bord avec un autre. Le but est de toucher une cible (un troisième bouton) en effectuant le moins de sauts possibles. Peut se jouer à plusieurs : celui qui atteint la cible le premier a gagné.

– TRiER

Par couleurs, formes, tailles... C'est très beau (voir planche III).

– BiJOUX

Les magasins de loisirs créatifs vendent des bagues, des broches... sur lesquelles on peut coller ce qu'on veut... Un bouton en guise de chaton... magnifique !

– ADAPTER DES HiSTOiRES

Le Petit Chaperon rouge, par exemple, raconté avec des boutons. Un petit bouton rouge, un gros noir, un blanc et... voici les trois personnages principaux ! On peut aussi dessiner les maisons, la forêt, la croisée des chemins... et déplacer les boutons dans ce décor.

– INVENTER UNE HiSTOiRE

En représentant les personnages par des boutons... Prendre par exemple douze boutons rouges (identiques mais de tailles variées) et un bouton bleu du même modèle. Le bouton bleu arrive « chez les rouges »... que va-t-il se passer ?
On peut aussi inventer une autre histoire !!!

– TOUR DE MAGIE

Transformer Le Petit Chaperon rouge en cochon ! Poser le petit bouton rouge et le gros bouton noir devant le public et faire deviner qu'il s'agit du Petit Chaperon rouge et du loup. Prendre discrètement un petit bouton rouge (identique au premier) dans chaque main et placer une main de chaque côté du Chaperon. Abracadabra... déposer les deux boutons autour du Chaperon... un loup et trois petits boutons apparaissent... trois petits... cochons ! Le Chaperon est devenu cochon !

N.B. : Les boutons peuvent éventuellement être cousus sur un vêtement afin de le fermer.

— VÊTEMENTS —

— GANTiER —

— BOUTONS —

Planche IV

CORDONNiER - BOTTiER

Le compagnonnage date du Moyen-Âge, et aujourd'hui encore de jeunes artisans adhèrent à l'association des Compagnons du Devoir, ayant pour objectifs la transmission de savoir-faire mais aussi l'épanouissement personnel et l'échange, le travail n'y étant pas considéré comme seul but de l'existence. L'association répertorie 25 métiers dont celui de cordonnier-bottier, divisé en quatre branches :

— Cordonnerie (réparation) ;

— Botterie (fabrication artisanale sur mesures de souliers de luxe) ;

— Podo-orthésie (fabrication de chaussures adaptées à certains handicaps) ;

— Industrie de la chaussure haut de gamme.

Muni au minimum d'un CAP de cordonnier-bottier, l'Aspirant Compagnon effectue son « Tour de France » (qui le mènera, s'il le souhaite, à l'étranger) afin de réaliser son apprentissage (mesures, forme, coupe, piquage, montage…) dans les quatre branches de la profession, chez des artisans confirmés désireux de partager leur expertise. Au-delà de l'apprentissage, il s'agit d'une expérience humaine qui enseigne l'ouverture d'esprit, la culture professionnelle et une grande adaptabilité. À l'issu de son Tour de France, l'Aspirant Compagnon devra encore réaliser son « chef d'œuvre », un objet unique, remarquable, aussi abouti que possible, prouvant sa parfaite maîtrise des exigences du métier, avant de devenir « Compagnon Cordonnier Bottier du Devoir ».

Les mouvements de compagnonnage montrent à quel point les artisans cultivent l'éthique du travail bien fait, la richesse de l'expérience pratique et l'importance de la transmission des savoir-faire, donnant toute sa valeur au mot « métier » que Diderot place au même niveau que « sciences » et « arts » dans le titre de l'*Encyclopédie* (voir « Une encyclopédie des Arts et des Métiers », page 9).

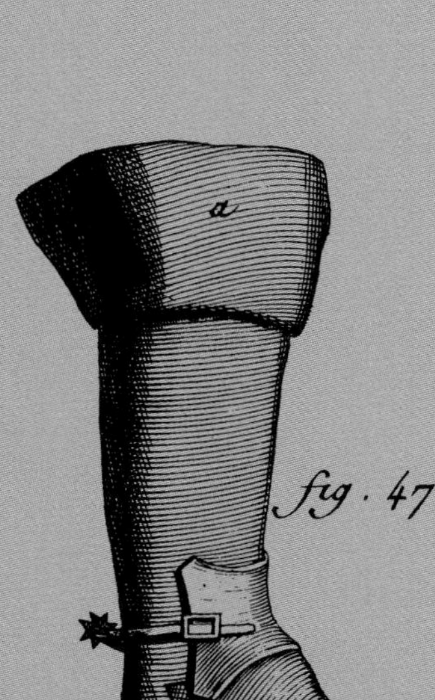

Planche V

SAL☺N DE COiFFURE

Fig. 1 — Salon de coiffure

Fig. 2 — Fauteuil pour shampoing

Fig. 3 — Bombe de laque

Fig. 4 — Séchoir

Fig. 5 — Humidificateur

Fig. 6 — Blaireau

Fig. 7 — Rasoir électrique

Fig. 8 — Rasoir mécanique

Fig. 9 — Cuir à aiguiser

Fig. 10 — Fer à gaufrer

Fig. 11 — Ciseaux à effiler

Fig. 12 — Peigne

Chez ma coiffeuse, il fait chaud. Dans le brouhaha des séchoirs, j'entends à peine maman qui raconte nos vacances à la plage. Bercé par la pression des doigts sur mon crâne, dans la glace je fais des grimaces. Je peux feuilleter des magazines à princesses en papier glacé. La coiffeuse a un doux parfum et une voix qui « couic » et qui « tchac », accompagnant le cliquetis de ses ciseaux métalliques.

À la fin, tout le monde me trouve beau.

Planche VI

16 COiFFURES

QUI EST-CE ?

— Elle a des cheveux rouges et c'est leur couleur naturelle.
— Elle avait des idées en pointillés.
— Il était de bon poil.
— Elle souhaitait une frange courte, un chignon net, pour mettre les choses au point.
— Elle voulait se mettre au vert.
— Il trouve important que son coiffeur soit aussi barbier.
— Elle voulait une éclaircie dans sa nuit andalouse.
— Elle cherchait la couleur des blés.
— Il est fan des Schtroumpfs, jusqu'aux racines.
— Elle voulait une mer déchaînée pour son retour en Grèce.
— Elle aime les coupes bien nettes, au carré.
— Elle était en dé-tresse.
— Il cherchait l'idée qu'il avait derrière la tête.
— Elle voulait entrouvrir le rideau rouge, pour y voir clair.
— S. avait rendez-vous avec V. et
— V avait rendez-vous avec S.

— CORDONNIER - BOTTIER —

— SALON DE COiFFURE —

— 16 COiFFURES —

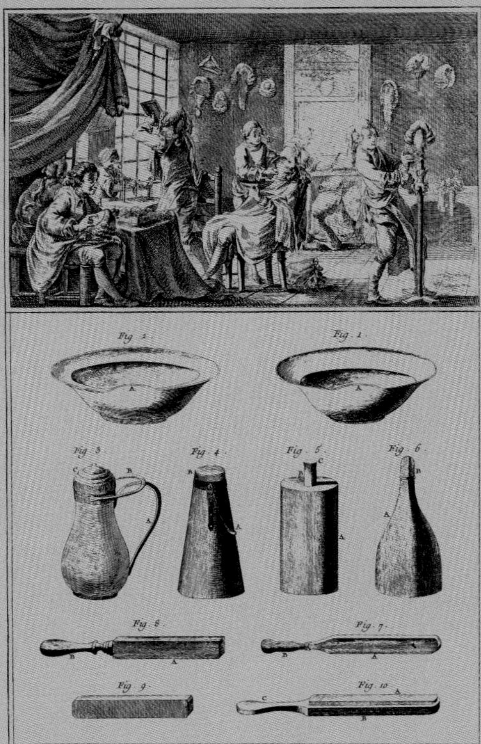

— PERRUQUiER - BARBiER —

— BOUTONNiER - PASSEMENTiER —

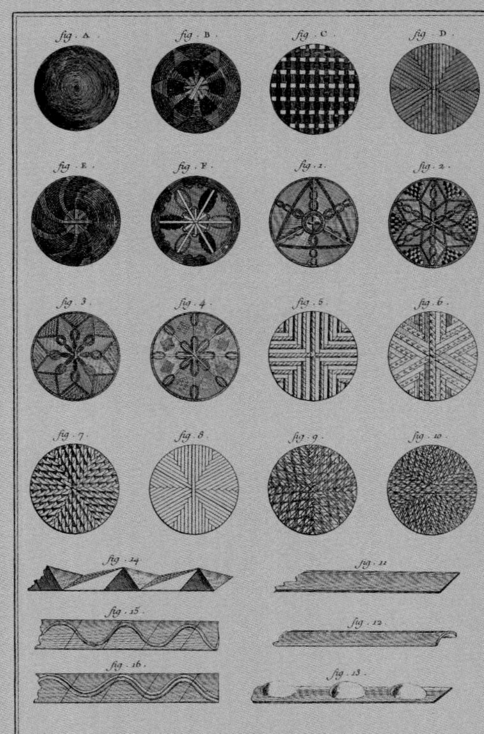

— TAiLLEUR D'HABiTS, *outils.* —

PLANCHES ORiGiNALES

— PERRUQUiER - BARBiER, *perruques.* —

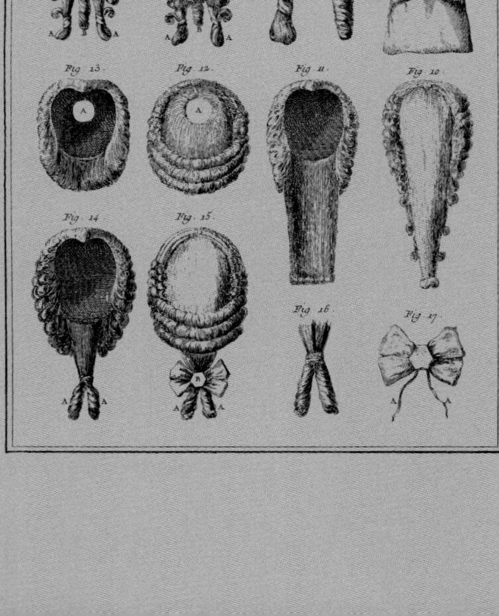

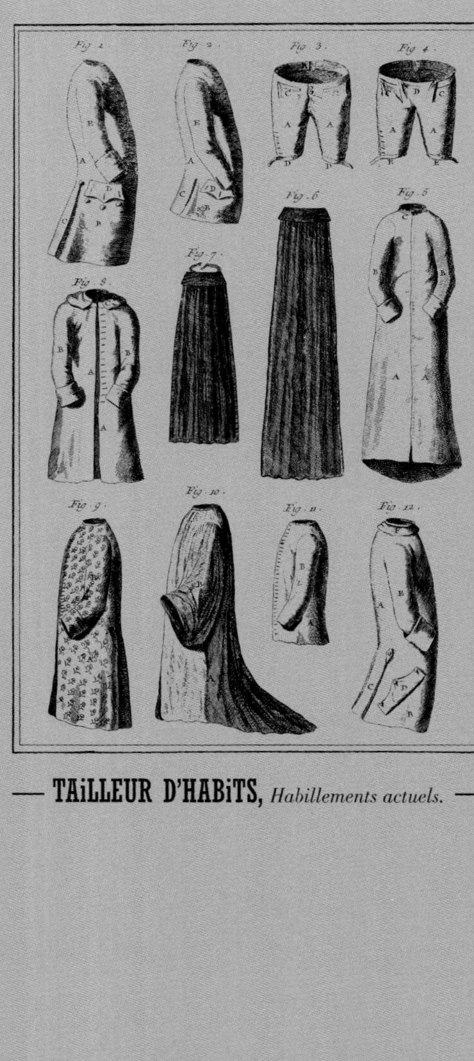

— TAiLLEUR D'HABiTS, *Habillements actuels.* —

— PERRUQUiER - BARBiER, *perruques.* —

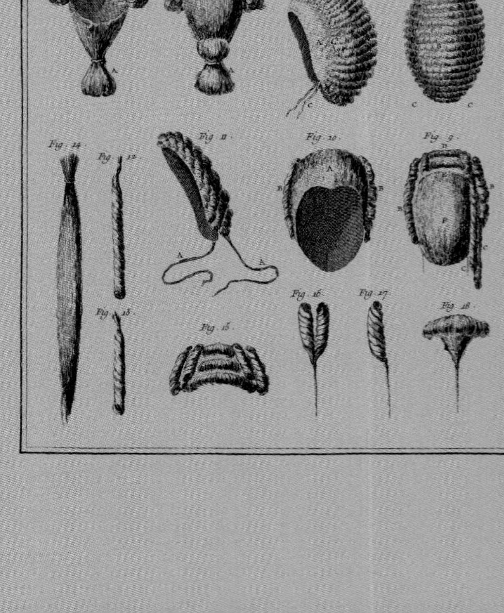

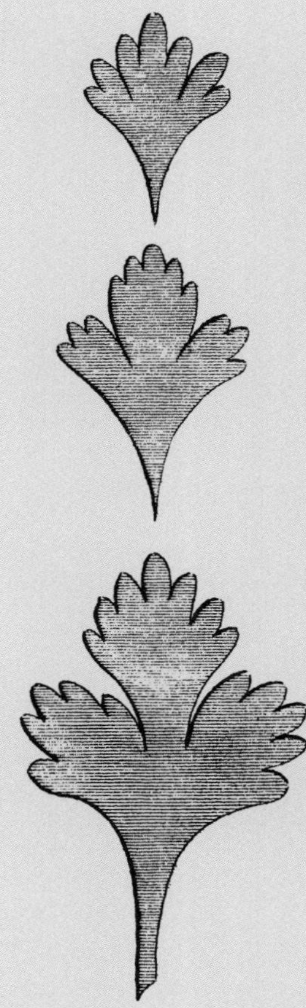

ARTiSANAT

JANiK COAT

Planche I

FLEURiSTE ARTiFiCiEL

Note : l'article est une reprise de celui de l'*Encyclopédie*. Seuls les mots en *italique* ont été changés.

« Le fleuriste artificiel est celui qui sait représenter par des fleurs, des feuilles, des plantes artificielles, &c. *les sentiments* dans toutes *leurs* productions. On voit assez par-là l'étendue de cet art, & les agrémens qui en résultent pour la société. C'est lui qui perpétue, pour ainsi dire, ce que les belles saisons de *nos cœurs* produisent de plus agréable.
[...] Les femmes ne font point de difficulté de se parer de fleurs artificielles. Les grands les employent à décorer leurs palais, leurs tables & leurs cabinets...
[...] Il est aisé de s'apercevoir que l'art de faire des fleurs artificielles ainsi exercé, demande quelque talent & une grande exactitude à considérer *les sentiments*; car ce n'est pas assez de connoître la grandeur, la couleur, & la découpure d'une *passion*, il faut encore faire attention aux divers états par où elle passe...
[...] Pour ce qui regarde les outils de cet art, il n'y en a point de déterminés, chaque fleuriste en ayant qui lui sont particuliers, & que les autres ne connoissent point (*jardin secret*).

Les figures 1 à 26 représentent autant de plans d'emporte-pièces propres à faire des feuilles de fleurs, *de passion ou de sagesse*. Ainsi faites, on les applique les unes sur les autres, les plus petites sur les plus grandes ; étant montées ensemble, elles imitent parfaitement la fleur *bleue ou la fleur de l'âge*.

PLANS D'EMPORTE-PiÈCES POUR

- Fig. 1 à 3 — *La "fine fleur", ce qui se fait de mieux*
- Fig. 4 et 5 — *"La fleur au fusil"*
- Fig. 6 à 9 — *Pour nerfs "à fleur de peau" (ne pas confondre avec "fleur en pot")*
- Fig. 10 à 13 — *Fleur de chance à 4 feuilles*
- Fig. 14 à 17 — *"Fleur bleue"*
- Fig. 18 à 21 — *Fleurette, à conter à l'élu(e) de son cœur*
- Fig. 22 à 23 — *"Fleur de l'âge"*
- Fig. 24 à 26 — "Feuilles de *folies*, servant au cœur de la plupart des *transports humains"* »

Planches II & III

MAÇON & CHARPENTiER

Ce chat Fig. 5 (voir planche III) a vu une souris. Plusieurs même Fig. 9 (voir planche II), sortant d'un trou au pied d'un mur. Mais comment les voit-il puisqu'elles ne sont pas sur sa planche ? C'est qu'ils sont sur le même chantier, maçon et charpentier, représentant deux des nombreuses professions du bâtiment coordonnées par un maître d'œuvre (voir article « ARCHiTECTE D'iNTÉRiEUR », page 120) sur les gros chantiers : terrassier, grutier, couvreur, électricien, plombier, plâtrier plaquiste, peintre, menuisier, carreleur, chauffagiste... sans compter les entreprises de fabrication et de négoce de matériaux... Et cela va encore plus loin : indirectement, un bûcheron, un débardeur, une scierie travaillent pour le bâtiment !

Il est donc difficile de dire précisément le nombre de personnes travaillant directement ou indirectement dans le bâtiment mais il est énorme (à titre indicatif, la Fédération française du bâtiment recense 1,5 million de salariés ou artisans travaillant dans 347 000 entreprises). Pas étonnant puisque le logement est une priorité, les Français y consacrant en moyenne 18,5 % de leur revenu. La construction pèse donc très lourd dans l'économie d'un pays et, c'est bien connu, « Quand le bâtiment va, tout va ! »

On imagine difficilement la somme des savoirs et savoir-faire que totalisent tous ces professionnels. C'est aussi cette richesse de l'artisanat qui motiva Diderot dans son projet d'*Encyclopédie* (voir « Présentation », page 7).
Aujourd'hui, les professionnels de la construction font face à un nouveau défi avec la généralisation progressive des bâtiments à norme HQE (Haute Qualité Environnementale) et autres règles liées au développement durable.

MAÇON

OUTiLLAGE

- Fig. 1 — Couteau à colle
- Fig. 2 — Truelle
- Fig. 3 — Hachette de coffreur
- Fig. 4 — Pelle
- Fig. 5 — Pioche de terrassier
- Fig. 6 — Auge à mortier
- Fig. 7 — Taloche
- Fig. 8 — Niveau à bulle
- Fig. 9 — Souris

Pour monter un mur, le maçon doit creuser et réaliser les fondations, placer des cordeaux qui l'aideront à construire droit, préparer son mortier (mélange ciment, sable, eau), empiler les briques en respectant la régularité des joints, vérifier au cordeau et à la règle qu'il ne dévie pas, lisser le mortier avec un fer à joints.

CHARPENTiER

PiÈCES DE CHARPENTE : FERME

- Fig. 1 — Entrait
- Fig. 2 — Entrait ou demi-entrait
- Fig. 3 — Poinçon
- Fig. 4 — Contrefiche
- Fig. 5 — Chat !

Pour fixer les différentes pièces de bois, le charpentier réalise des assemblages tenons-mortaises, en embrèvement simple, en enture à mi-bois ou à sifflet, à paume droite, à queue d'aronde, moisés et utilise également des boulons et des ferrures (sabots, équerres, pieds...).

Fig. 5.

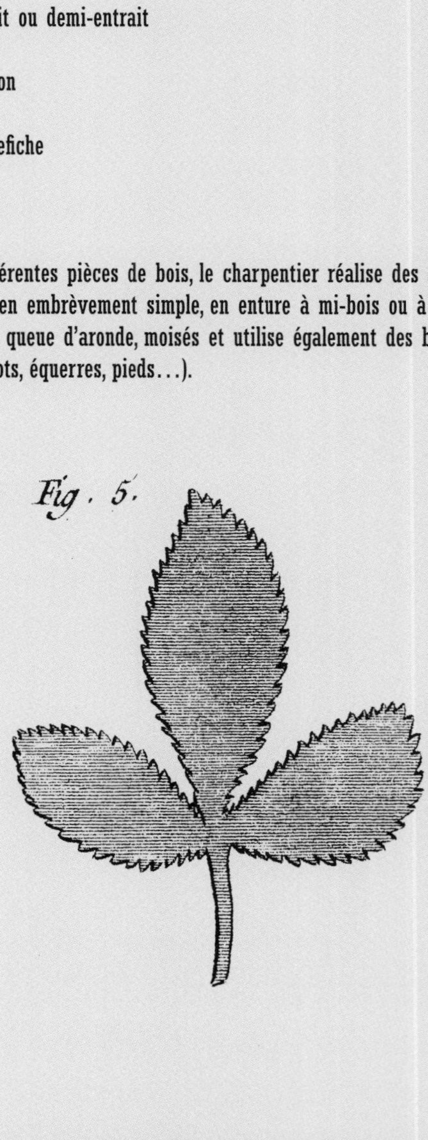

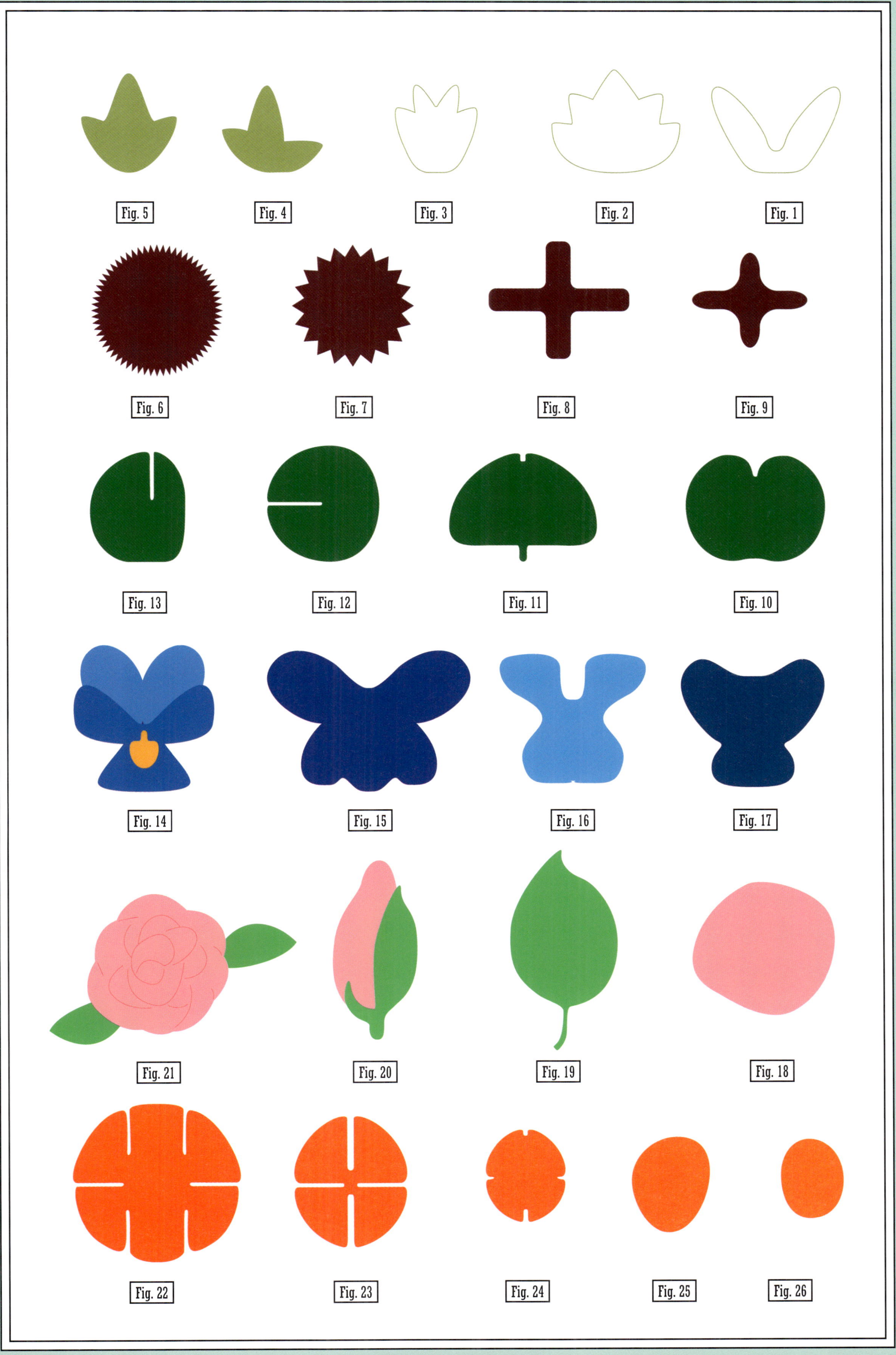
Fig. 5
Fig. 4
Fig. 3
Fig. 2
Fig. 1
Fig. 6
Fig. 7
Fig. 8
Fig. 9
Fig. 13
Fig. 12
Fig. 11
Fig. 10
Fig. 14
Fig. 15
Fig. 16
Fig. 17
Fig. 21
Fig. 20
Fig. 19
Fig. 18
Fig. 22
Fig. 23
Fig. 24
Fig. 25
Fig. 26

— MAÇON —

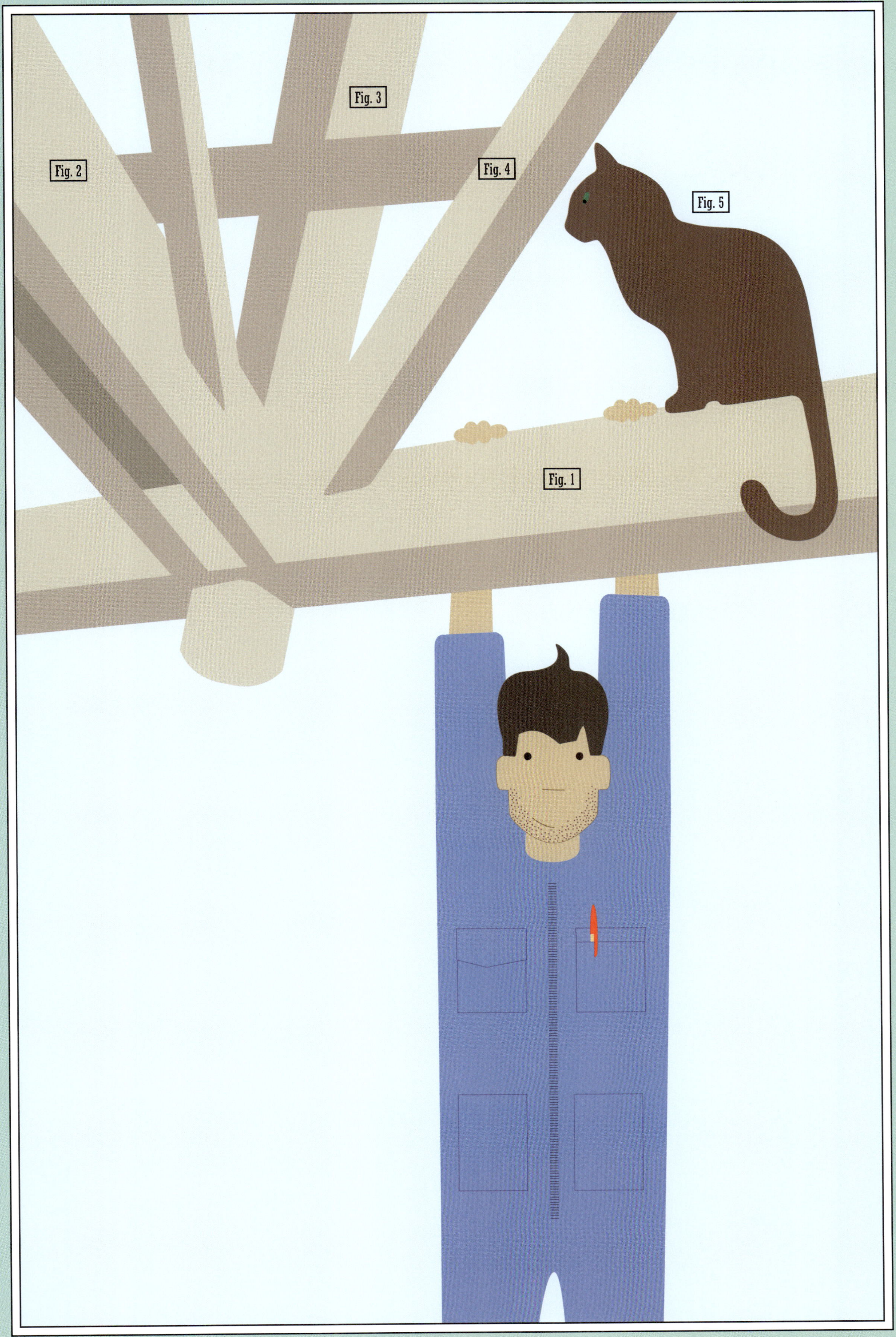
Fig. 3
Fig. 2
Fig. 4
Fig. 5
Fig. 1

Planche IV

ARCHiTECTE D'iNTÉRiEUR

Les premières habitations construites remontent à environ 400 000 ans ! Tentes, cabanes, huttes… Depuis, les humains n'ont cessé d'améliorer leur habitat, centre de la vie familiale, dans trois domaines :
— solidité, résistance aux intempéries, aux variations de températures ;
— confort, commodité de la vie quotidienne ;
— esthétique.
Depuis longtemps, la construction est souvent confiée à des professionnels (voir article « MAÇON & CHARPENTiER », page 116), les deux autres domaines étant plutôt assumés par les habitants de la maison. Néanmoins, certaines personnes font également appel à des professionnels pour cela.
L'architecte d'intérieur se préoccupe surtout du confort et de la rationalité des espaces, laissant les questions esthétiques à un décorateur. Il travaille pour des particuliers, des entreprises (bureaux, magasins…) ou des lieux publics (musées…) et s'occupe de l'aménagement de l'espace intérieur, du mobilier, de l'éclairage mais aussi de l'organisation des déplacements et de la création d'espaces fonctionnels et agréables.

Si l'architecte d'intérieur n'est pas un artisan, il nous a paru intéressant de le mentionner ici pour son rôle de maître d'œuvre. Le maître d'ouvrage (souvent le propriétaire des locaux, celui qui demande et paie les travaux) fait appel à un maître d'œuvre pour qu'il :
— conçoive un projet d'aménagement en accord avec ses besoins et ses désirs ;
— sélectionne les entreprises (souvent des artisans) qui vont y travailler ;
— coordonne et veille au bon déroulement du chantier.

Pour réaliser ce qui figure sur la planche IV, il a fallu :
— un architecte d'intérieur qui a conçu cet espace.
Mais aussi des artisans qu'il a choisis et dont il a coordonné le travail :
— plâtrier ;
— menuisier ;
— peintre ;
— parqueteur ;
— électricien ;
sans compter le coiffeur, le tailleur, le bijoutier… qui ont pris en charge la « décoration » de l'architecte d'intérieur !

Planche V

POTERiE

La poterie existe partout dans le monde, depuis le Néolithique, la sédentarisation des hommes occasionnant un besoin croissant de récipients pour stocker ou cuire la nourriture.
La technique semble simplissime : donner la forme souhaitée à une boule de terre, la laisser sécher, la cuire et la décorer.
Pourtant, les millions de potiers qui se sont succédé partout dans le monde ont inventé des techniques complexes et variées (céramique, grès, faïence, porcelaine, raku…), un vocabulaire et un outillage spécialisés, des savoirs et savoir-faire très riches, des applications allant de l'utilitaire (bols, assiettes…) à l'art (sculpture)… Toute une culture ! Bel exemple de la richesse des métiers de l'artisanat.
L'histoire de certains villages, comme Dieulefit (Drôme), est liée à la poterie. Ils en portent parfois la trace jusque dans leur nom, comme Saint-Quentin-La-Poterie (Gard).

Fig. 1 — Potière tournant une pièce dans son atelier.

Fig. 2 — Pots en cours de séchage.

OUTiLS

Fig. 3 — Éponge.

Fig. 4 — Tournassin servant à tournasser (dégrossir, affiner une pièce).

Fig. 5 — Mirette pour travailler la terre fraîche ou creuser une sculpture.

Fig. 6 — Outil de sculpture.

Fig. 7 — Estèques pour galber ou lisser la pièce pendant le tournage.

Fig. 8 — Ébauchoirs pour strier, modeler, lisser, texturer, assembler…

Planche VI

COUTELLERiE

Diderot est né dans les couteaux ! La maison Béligné, fondée par son arrière-arrière-grand-père en 1610 (année où Ravaillac assassine Henri IV avec… un couteau !) existe encore à Langres (13e génération !) et représente la marque Victorinox (couteaux suisses) en France, et plusieurs Béligné ont été « couteliers du roi ». Mais Diderot choisit une autre voie et quitte Langres à quinze ans, un couteau de son père Fig. 7 en poche, pour étudier à Paris.

Un couteau se fabrique en cinq étapes :

— Dessin, création.

— Découpe de la lame dans l'acier (la lame peut aussi être forgée et formée à l'enclume Fig. 9).

— Ponçage de la forme et de l'émouture (tranchant) à la ponceuse Fig. 1.

— Trempe : pour améliorer sa solidité, on chauffe la lame et on la refroidit rapidement en la trempant (eau ou huile).

— Le manche (bois, corne, métal…) est fabriqué en même temps qu'il est riveté à la lame.

Fig. 1 — Travail de l'émouture (ponceuse à bande).

Fig. 2 — Couteau à champignons :

<A> pointe ;
<B> contre-tranchant ;
<C> tranchant ;
<D> garde ;
<E> manche.

Fig. 3 — Couteau à huîtres.

Fig. 4 — Le Langres : couteau de poche.

Fig. 5 — Cuisine :

<A> couperet ;
<B> couteau de chef (voir planche VI, page 63) ;
<C> couteau à découper ;
<D> couteau à pain.

Fig. 6 — Opinels effilés : nouvelle ligne de la célèbre marque.

Fig. 7 — Couteau fabriqué par le père de Diderot.

Fig. 8 — Canif (couteau de poche).

Fig. 9 — Enclume bigorne et marteau.

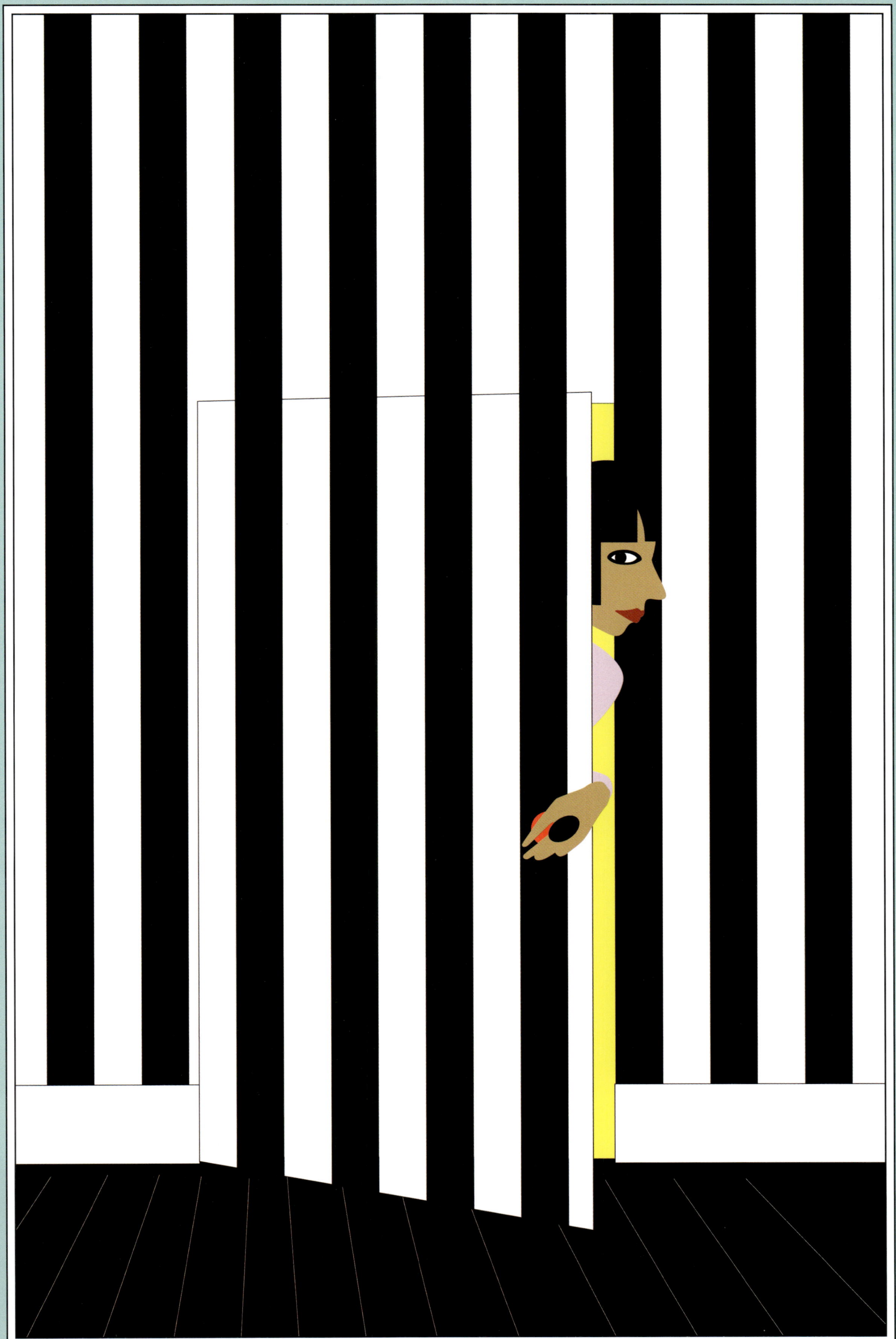

Lumières

— ARCHiTECTE D'iNTÉRiEUR —

— POTERiE —

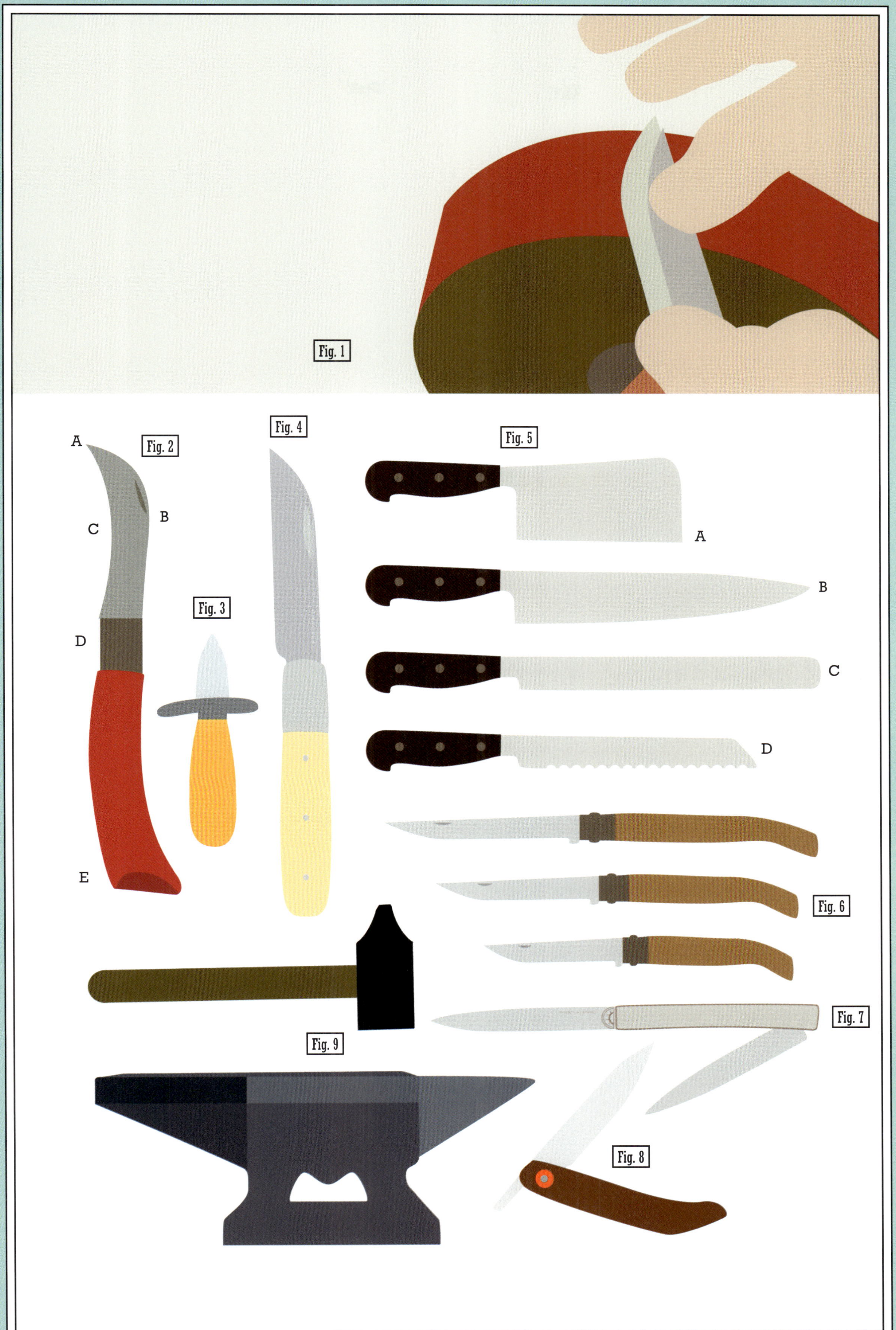

— COUTELLERiE —

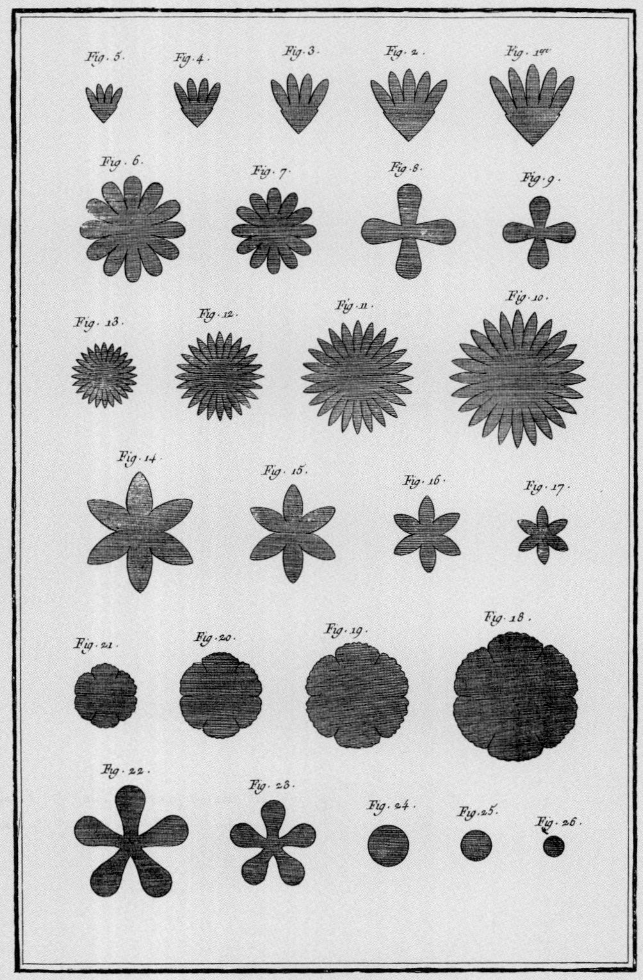

FLEURISTE ARTIFICIEL, *Plans d'emporte-pièces de feuilles de fleurs.*

PLANCHES ORIGINALES

— **CHARPENTE,** *Ceintres.* —

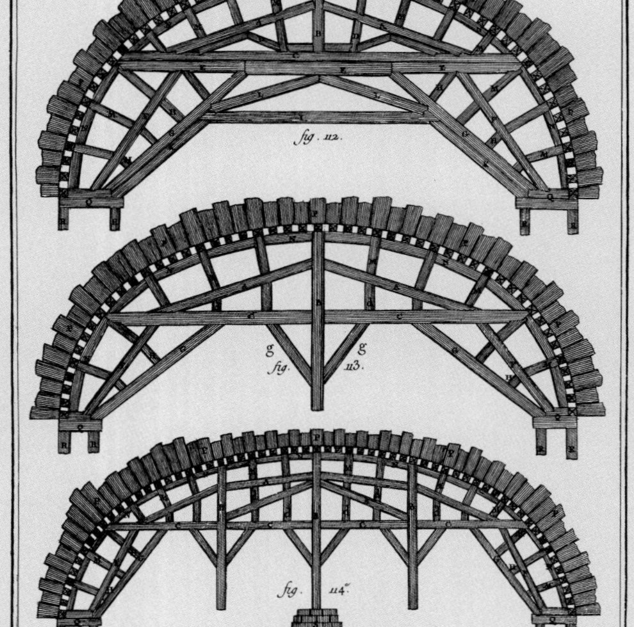

INDEX DES ARTICLES

3
8
9
1
2
4
5
7
6
D
C
E

DiDEROT ET LANGRES : DEUX DESTiNS MÊLÉS

Langres, ville d'Art et d'Histoire, classée parmi les Plus beaux détours de France, candidate au patrimoine mondial de l'Unesco, est perchée à 500 mètres d'altitude sur un éperon rocheux. Dotée de la plus grande enceinte fortifiée d'Europe avec 8 km de remparts et d'un patrimoine bâti remarquable, elle a vu naître sur son sol, le 5 octobre 1713, Denis Diderot, bouillonnant esprit des Lumières, écrivain, philosophe, critique d'art et « père » de l'*Encyclopédie*.

En célébrant Diderot à travers une année d'effervescence et de festivités culturelles et artistiques tout au long de 2013, année du tricentenaire de sa naissance, la ville de Langres entend bien se positionner comme l'une des cités françaises de référence en matière de philosophie.

Il était donc logique et naturel pour notre municipalité de soutenir la création de cet album « Lumières » sur Diderot et l'*Encyclopédie* à destination de nos jeunes générations. Oui ! C'était une évidence pour notre ville que de donner l'opportunité aux jeunes générations de s'approprier Diderot, son œuvre, ses pensées. L'*Encyclopédie* est une formidable aventure du XVIIIe siècle. Cette notion de compilation des savoirs, d'enrichissement permanent des connaissances et leur transmission est encore si actuelle. Nos enfants grandissent avec les encyclopédies numériques et autres web territoriaux.

« Pour moi je suis de mon pays », disait Diderot. Issu d'une famille d'artisans couteliers langrois, il passe son enfance à Langres et conserve tout au long de sa vie un lien particulier avec la Haute-Marne et sa ville natale, terreau des 15 premières années de la vie du philosophe. Cette ville qui l'a vu naître sera aussi celle qui va le modeler. Sa maison natale est encore conservée sur la place centrale de la ville où a été érigée en 1884 une statue monumentale réalisée par le célèbre sculpteur Bartholdi.

Langres rend hommage à ce grand homme dans la Maison des Lumières Denis Diderot (MLDD) située dans un hôtel particulier des XVIe et XVIIIe siècles, au cœur de la cité historique. Elle présentera des objets liés à Diderot et au XVIIIe siècle.
Des acquisitions remarquables sont également réalisées par la Ville de Langres pour enrichir les collections du musée. C'est donc à Langres et nulle part ailleurs que l'on pourra découvrir de véritables trésors, par exemple le buste de Diderot par Jean-Antoine Houdon (1741-1828), l'original de l'*Encyclopédie* destinée à l'origine à être mise à disposition de « tout citoyen qui en ferait la demande », un Globe de poche de 1791 pour illustrer les cabinets de curiosité et de science au XVIIIe siècle ou encore un Planétaire construit vers 1775 pour illustrer le modèle héliocentrique découvert par Copernic en simulant le mouvement des planètes autour du soleil en même temps que celui de la lune autour de la Terre.

Incarner Diderot, lui redonner « esprit et matière » : voilà notre ambition.
Nous espérons que cet album vous donnera envie de découvrir plus en profondeur ce grand philosophe du Siècle des lumières.

Didier Loiseau, Maire de Langres

WWW.DiDEROT2013-LANGRES.FR

LES ÉDITIONS L'ÉDUNE ET LE CRDP DE CHAMPAGNE-ARDENNE REMERCIENT :

Le service patrimoine et l'équipe de la bibliothèque Marcel Arland de la Ville de Langres pour leur aide à la recherche iconographique.
L'école primaire La Prairie de Casablanca et son équipe pédagogique pour le soutien apporté à la réalisation de cet album.
Tous ceux, amis, collègues et partenaires, de la Ville de Langres ou d'ailleurs, qui nous ont apporté leurs encouragements dans la réalisation de ce projet.

FRANCK PRÉVOT

Je tiens à remercier :
François Place dont la gentillesse et l'efficacité furent géantes.
Les éditions Casterman pour la belle idée de publier *Les derniers géants* et pour l'aimable autorisation de m'en inspirer très librement.
Paule, la dame des œufs, pour ses précieux renseignements, et pour ses œufs aussi.
Laurent, Chantal et Patrick pour l'étude du cas de l'architecte.
Martin, Régis, Charles, Jean-François, Julia, Tom, Clotilde, Rascal, Vincent, Albertine et Janik (ainsi que Félix Monin) dont les images m'ont soufflé bien des mots.
Aline Beilin qui m'a ouvert les portes de l'*Encyclopédie.*
À tous un grand merci !

Pour Marie, Louis, Zoé et Léone
qui ont suivi au plus près ma petite grande aventure encyclopédique.

—

Le portrait de Diderot en page 2 est gravé par Friedrich Wilhelm Bollinger, d'après Louis-Michel van Loo, en 1810.

L'illustration de la page 89 a été réalisée par Félix Monin & Rascal.

Cet album a fait l'objet d'une exposition à Paris à la galerie Michel Lagarde du 20 mars au 26 avril 2013.

—

Cet album a été publié avec le soutien du Conseil régional de Champagne-Ardenne, du Conseil général de Haute-Marne et de la Ville de Langres, dans le cadre de l'année « Langres-Diderot 2013 ».

La Drac et le Conseil régional d'Aquitaine soutiennent les éditions l'Édune.

Cet album est accompagné d'un livret pédagogique, qui propose des pistes d'exploitation en classe pour des élèves de cycle 3 (ISBN : 978-2-86633-518-2).

Retrouvez de nombreux compléments éditoriaux sur le site compagnon de l'album :
WWW.LUMIERES-ENCYCLOPEDIE.FR

RÉGION CHAMPAGNE ARDENNE
conseil général HAUTE-MARNE
langres

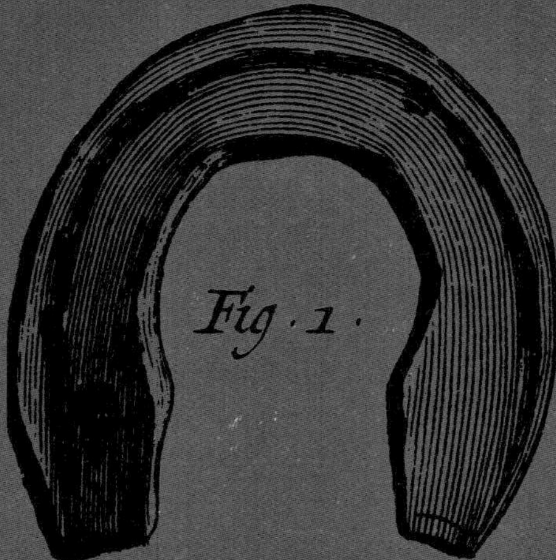

Fig. 1.

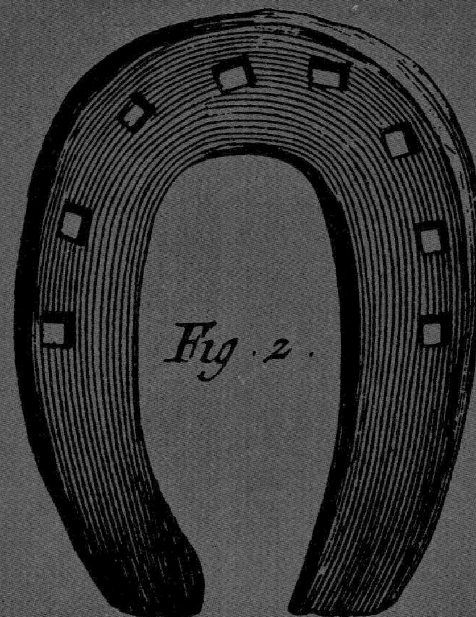

Fig. 2.

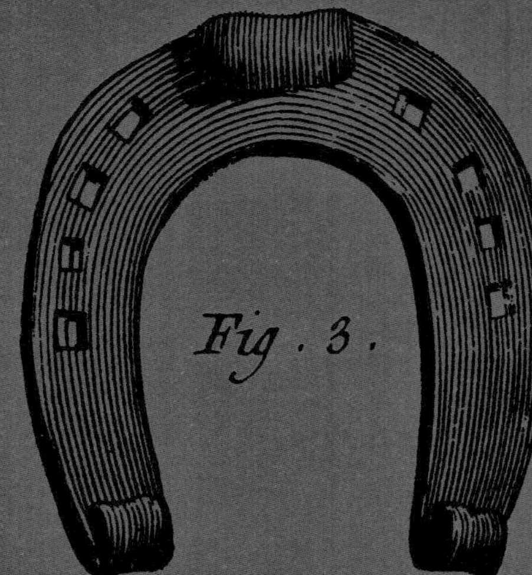

Fig. 3.

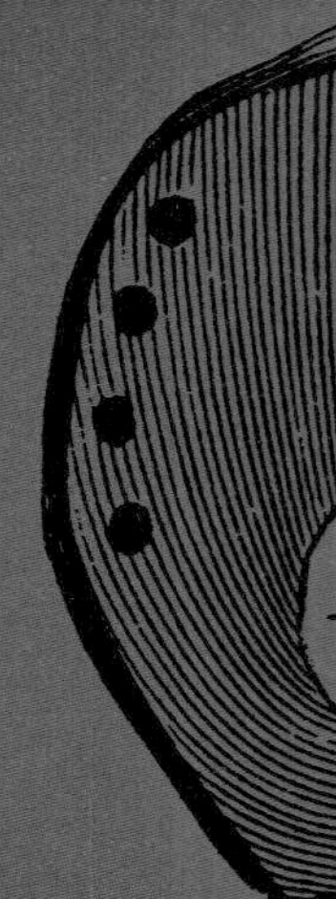

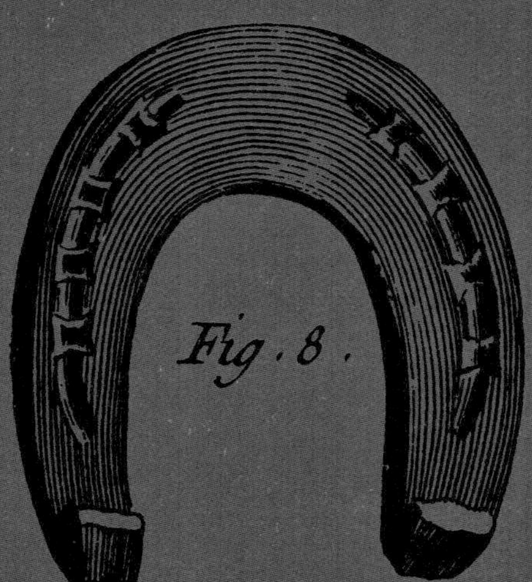

Fig. 8.

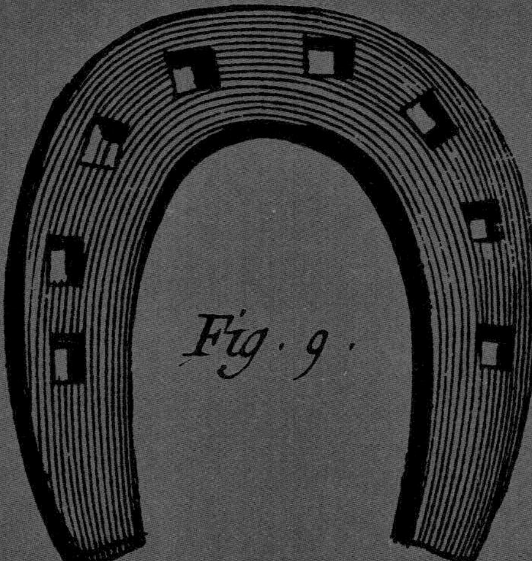

Fig. 9.

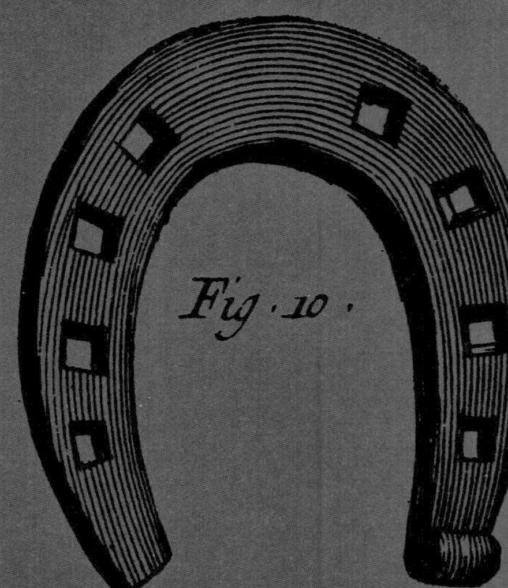

Fig. 10.

Fig. 14.

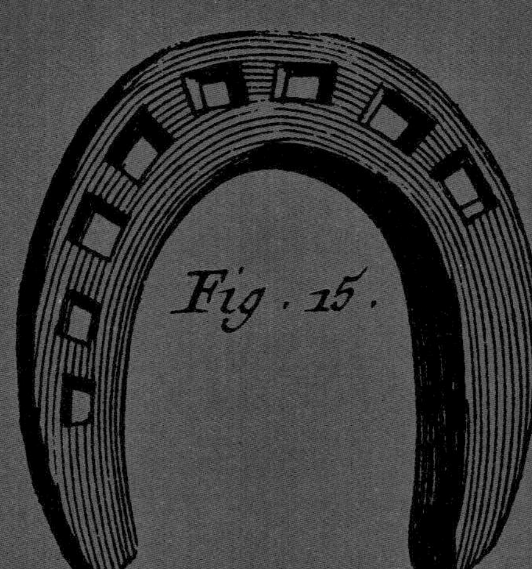

Fig. 15.

Fig. 16.

Fig. 20.

Fig. 21.

Fig. 22.